BIBLIOTHEQUE
CHRÉTIENNE ET MORALE,

APPROUVÉE

PAR Mgr L'ÉVÊQUE DE LIMOGES.

In-8, 2ᵉ Série.

ANACHARSIS.

ANACHARSIS

DU JEUNE AGE.

(ÉDITION REVUE.)

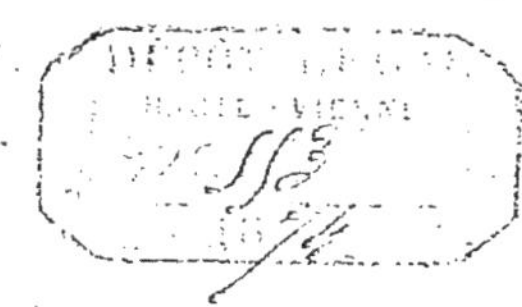

LIMOGES

BARBOU FRÈRES, IMPRIMEURS-LIBRAIRES.

Départ de Scythie. — La Chersonèse taurique. — Le Pont-Euxin. — État de la Grèce (depuis la prise d'Athènes, l'an 404 avant Jésus-Christ, jusqu'au moment du voyage.) — Le Bosphore de Thrace. — Arrivée à Byzance.

Anacharsis, Scythe de nation, fils de Toxaris, est l'auteur de cet ouvrage, qu'il adresse à ses amis. Il commence par leur exposer les motifs qui l'engagèrent à voyager.

Vous savez que je descends du sage Anacharsis, si célèbre parmi les Grecs, et si indignement traité chez les Scythes. L'histoire de sa vie et de sa mort m'inspira, dès ma plus tendre enfance, de l'estime pour la nation qui avait honoré ses vertus, et de l'éloignement pour celle qui les avait méconnues.

Ce dégoût fut augmenté par l'arrivée d'un esclave grec dont je fis l'acquisition. Il avait suivi le jeune Cyrus dans l'expédition que ce eune prince entreprit contre son frère Artaxerxès, roi de Perse,

Timagène, c'était le nom du Thébain, m'attirait et m'humiliait par le charme de sa conversation et par la supériorité de ses lumières. L'histoire des Grecs était le sujet de nos entretiens. Je venais d'entrer dans ma dix-huitième année ; mon imagination ajoutait les plus vives couleurs à ses riches tableaux. Je n'avais vu jusqu'alors que des tentes, des troupeaux et des déserts. Incapable désormais de supporter la vie errante que j'avais menée, et l'ignorance profonde à laquelle j'étais condamné, je résolus d'abandonner une nation qui ne me paraissait avoir d'autres vertus que de ne pas connaître tous ses vices.

Je passai les plus belles années de ma vie en Grèce. J'ai joui des derniers moments de sa gloire, et je ne l'ai quittée qu'après avoir vu sa liberté expirer dans la plaine de Chéronée. Pendant que je parcourais ses provinces, j'avais soin de recueillir tout ce qui méritait quelque attention. C'est d'après ce journal qu'à mon retour en Scythie j'ai mis en ordre la relation de mon voyage.

Vers la fin de la première année de la cent quarantième olympiade, je partis avec Timagène, à qui je venais de rendre la liberté. Après avoir traversé de vastes solitudes, nous arrivâmes sur les bords du Tanaïs. Là, nous étant embarqués, nous nous rendîmes à la ville de Pant'capée.

Cette ville est devenue la capitale d'un petit empire qui s'étend sur la côte orientale de la Chersonèse taurique. Léucon y régnait. C'était un prince magnifique et généreux, qui plus d'une fois avait dissipé des conjurations et remporté des victoires par son courage et son habileté.

On citait de lui un mot dont je frissonne encore. Ses favoris, par de fausses accusations, avaient écarté plusieurs de ses amis, et s'étaient emparés de leurs biens. Il s'en aperçut enfin, et l'un d'eux ayant hasardé une nouvelle délation : « Malheureux, lui dit-il, je te ferais mourir si des scélérats tels que toi n'étaient nécessaires aux despotes. »

La Chersonèse taurique produit du blé en abondance : la terre, à peine affleurée par le soc de la charrue, y rend trente pour un. Les Grecs y font un si grand commerce que le roi s'était vu forcé d'ouvrir à Théodosie, autre ville du Bosphore, un port capable de contenir cent vaisseaux. Les marchands athéniens abordaient en foule, soit dans cette place, soit à Panticapée. Ils n'y payaient aucun droit ni d'entrée ni de sortie, et la république, par reconnaissance, avait mis ce prince et ses enfants au nombre de ses citoyens. Là nous trouvâmes un vaisseau de Lesbos près de mettre à la voile. Cléomède, qui le commandait, consentit à nous prendre sur son bord.

Je ne décrirai point les mouvements dont je fus agité, lorsqu'à la sortie du Bosphore cimmérien, la mer qu'on nomme Pont-Euxin se développa insensiblement à mes regards. Sa longueur, dit-on, est de onze mille cent stades (1), sa plus grande longeur de trois mille trois cents (2). Sur ses bords habitent des nations qui diffèrent entre elles d'origine, de mœurs et de langage. On y trouve par intervalles, et principalement sur les côtes méridionales, des villes grecques fondées par ceux de Millet, de Mégare et d'Athènes, la plupart construites dans des lieux fertiles et propres au commerce. A l'est est la Colchide, célèbre par le voyage des Argonautes, que les fables ont embelli, et qui fit mieux connaître aux Grecs ces pays éloignés.

Les fleuves qui se jettent dans le Pont, le couvrent de glaçons dans les grands froids, adoucissent l'amertume de ses eaux, y portent une énorme quantité de limon et de substances végétales qui attirent et engraissent les poissons. Les thons, les turbots et presque toutes les espèces y vont déposer leur frai, et s'y multiplient d'autant plus, que cette mer ne nourrit point de poissons voraces et destructeurs. Elle est souvent enveloppée de vapeurs sombres, et agitée par des tempêtes violentes. On choisit, pour y voyager, la saison où les naufrages sont moins fréquents.

Pendant que Cléomède nous instruisait de ces détails, il traçait sur ses tablettes le circuit du Pont-Euxin. Quand il l'eut terminé : Vous avez, lui dis-je, figuré, sans vous en apercevoir, l'arc dont nous nous servons en Scythie ; telle est précisément sa forme. Mais je ne vois point d'issue à cette mer. « Elle ne communique aux autres, répondit-il, que par un canal à peu près semblable à celui d'où nous venons de sortir.

Au lieu de nous y rendre en droiture, Cléomède, craignant de s'é-

(1) Environ quatre cent dix-neuf lieues et demie.
(2) Environ cent vingt-quatre lieues trois quarts.

loigner des côtes , dirigea sa route vers l'ouest, et ensuite vers le sud.
On nous dit qu'en hiver, quand la mer est prise, les pêcheurs de ces
cantons dressent leurs tentes sur sa surface, et jettent leurs lignes à
travers des ouvertures pratiquées dans la glace. On nous montra de
loin l'embouchure du Borysthène (1), celle de l'Ister (2) et de quelques
autres fleuves.

Un jour Cléomède nous dit qu'il avait lu autrefois l'histoire de l'expédition du jeune Cyrus. — La Grèce s'est donc occupée de nos malheurs ? dit Timagène. Et quelle est la main qui en traça le tableau ?
— Ce fut, répondit Cléomède, Xénophon d'Athènes. — Hélas ! reprit
Timagène, depuis environ trente-sept ans que le sort me sépare de lui,
voici la première nouvelle que j'ai de son retour. Ah ! qu'il m'eût été
doux de le revoir, après une si longue absence ! mais je crains bien que
la mort...

Rassurez-vous, dit Cléomède, il vit encore. Mais les Athéniens l'ont
exilé, parce qu'il paraissait trop attaché aux Lacédomoniens. — Mais
du moins , dans sa retraite, il attire les regards de toute la Grèce ?
— Non, ils sont tous fixés sur Epaminondas de Thèbes. — Epaminondas ! Son âge ? le nom de son père ? — Il a près de cinquante ans ; il
est fils de Polymnis. — C'est lui, reprit Timagène, je l'ai connu dès son
enfance. Epaminondas n'avait que douze à treize ans quand je me rendis
à l'armée de Cyrus. On prévoyait l'ascendant qu'il aurait un jour sur les
autres hommes. Excusez mon importunité : comment a-t-il rempli de si
belles espérances ?

Cléomède répondit : Il a élevé sa nation ; et, par ses exploits, elle est
devenue la première puissance de la Grèce. O Thèbes ! s'écria Timagène,
ô ma patrie ! heureux séjour de mon enfance ! plus heureux Epaminondas !... — n'attendez pas de moi, dit Cléomède, le détail circonstancié de
tout ce qui s'est passé depuis votre départ.

Vous aurez su que, par la prise d'Athènes, toutes nos républiques
se trouvèrent en quelque manière asservies aux Lacédomoniens, et que
les unes furent forcées de solliciter leur alliance, et les autres de l'accepter. Les qualités brillantes et les exploits éclatants d'Agésilas, roi de La-

(1) Aujourd'hui le Dniéper.
(2) Le Danube.

— 11 —

cédémone, semblaient les menacer d'un long esclavage. Appelé en Asie
au secours des Ioniens, qui, s'étant déclarés pour le jeune cyrus, avaient
à redouter la vengeance d'Artaxerxès, il roulait déjà dans sa tête le projet
de porter ses armes en Perse.

Artaxerxès détourna l'orage. Thèbes, Corinthe, Argos et d'autres
peuples formèrent une ligue puissante ; elles en vinrent bientôt
aux mains avec celles d'Agésilas. Les Lacédémoniens eurent l'honneur
de la victoire, les Thébains celui de s'être retirés sans prendre la fuite.

Parmi les vainqueurs mêmes, les uns étaient fatigués de leurs succès, les autres de la gloire d'Agésilas. Ces derniers, ayant à leur tête
le Spartiate Antalcidas, proposèrent au roi Artaxerxès de donner la
paix aux nations de la Grèce. Leurs députés s'assemblèrent, et Téri-
baze, satrape d'Ionie, leur déclara les volontés de son maître, conçues
en ces termes :

« Le roi Artaxerxès croit qu'il est de la justice, 1° que les villes
grecques d'Asie, ainsi que les îles de Clazomène et de Chypre demeu-
rent réunies à son empire ; 2° que les autres villes grecques soient
libres, à l'exception des îles de Lemnos, d'Imbros et de Scyros, qui
appartiendront aux Athéniens. Il joindra ses forces à celles des peuples
qui accepteront ces conditions, et les emploiera contre ceux qui refu-
seront d'y souscrire. »

L'exécution d'un traité destiné à changer le système politique de la
Grèce fut confiée aux Lacédémoniens, qui en avaient conçu l'idée et
réglé les articles. Les autres républiques le reçurent sans opposition,
et quelques-unes même avec empressement.

Peu d'années après, le Spartiate Phébidas passant dans la Béotie
avec un corps de troupes, les fit camper auprès de Thèbes. La ville
était divisée en deux factions. Léontiadès, chef du parti dévoué aux
Lacédémoniens, engagea Phébidas à s'emparer de la citadelle, et lui
en facilita les moyens. C'était en pleine paix, dans un moment où,
sans crainte, sans soupçons, les Thébains célébraient la fête de Cérès.
Une si étrange perfidie devint plus odieuse que les cruautés exercées
sur les citoyens fortement attachés à leur patrie : quatre cents d'entre
eux cherchèrent un asile auprès des Athéniens ; Isménias, chef de ce
parti, avait été chargé de fers et mis à mort sous de vains prétextes.

Les Lacédémoniens frémissaient d'indignation ; ils demandaien avec fureur si Phébidas avait reçu des ordres pour commettre un pareil attentat. Agésilas répond qu'il est permis d'outrepasser ses pouvoirs quand le bien de l'État l'exige, et qu'on ne doit juger de l'action de Phébidas que d'après ce principe. Léontiadès se trouvait alors à Lacédémone : il calma les esprits en les aigrissant contre les Thébains.

Le décret des Lacédémoniens fut l'époque de leur décadence : la plupart de leurs alliés les abandonnèrent, et trois ou quatre ans après, les Thébains brisèrent un joug odieux.

Toute voie de conciliation se trouvait désormais interdite aux deux nations. La haine des Thébains s'était prodigieusement accrue, parce qu'ils avaient essuyé un outrage sanglant ; celle des Lacédémoniens parce qu'ils l'avaient commis. Agésilas fut blessé dans une action peu décisive ; et le Spartiate Antalcidas lui dit en lui montrant le sang qui coulait de la plaie : « Voilà le fruit des leçons que vous avez données aux Thébains. »

Il était dans la Béotie ; il s'avançait vers Thèbes : un corps de Lacédémoniens, beaucoup plus nombreux que le sien, retournait par le chemin. Un cavalier thébain, qui s'était avancé, et qui les aperçut sortant d'un défilé, court à Pélopidas : « Nous sommes tombés, s'écria-t-il, entre les mains de l'ennemi. — Et pourquoi ne serait-il pas tombé entre les nôtres ? » répondit le général. La mêlée fut sanglante, la victoire longtemps indécise. Pélopidas, qui veut rester maître du champ de bataille, fond de nouveau sur eux, et goûte enfin le plaisir de les disperser dans la plaine.

Ce succès inattendu étonna Lacédémone, Athènes et toutes les républiques de la Grèce. Fatiguées des malheurs de la guerre, elles résolurent de terminer leurs différends à l'amiable. La diète fut convoquée à Lacédémone ; Epaminondas y parut avec les autres députés de Thèbes.

Il était alors dans sa quarantième année. Jusqu'à ce moment il avait, selon le conseil des sages, caché sa vie ; il avait mieux fait encore, il s'était mis en état de la rendre utile aux autres. Au sortir de l'enfance, il se chargea d'achever lui-même son éducation. Malgré la médiocrité de sa fortune, il retira chez lui le philosophe Lysis ; et dans leurs fréquents entretiens, il se pénétra des idées sublimes que les pythagoriciens ont conçues de la vertu ; et cette vertu, qui brillait dans ses moindres actions, le rendit inaccessible à toutes les

— 13 —

craintes. En même temps qu'il fortifiait sa santé par la course, la lutte, encore plus que par la tempérance, il étudiait les hommes, il consultait les plus éclairés, et méditait sur les devoirs du général et du magistrat. Dans les discours prononcés en public, il ne dédaignait par les ornements de l'art; mais on y démêlait toujours l'éloquence des grandes âmes. Ses talents, qui l'ont placé au rang des orateurs célèbres, éclatèrent pour la première fois à la diète de Lacédémone, dont Agésilas dirigea les opérations.

Je vous ai dit que, suivant ce traité, toutes les villes de la Grèce devaient être libres; or les Lacédémoniens, en tenant dans leur dépendance les villes de Laconie, exigeaient avec hauteur que celles de la Béotie ne fussent plus asservies aux Thébains. Epaminondas, ennuyé de leurs prolixes invectives, leur dit un jour : « Vous conviendrez du moins que nous vous avons forcés d'alonger vos monosyllabes. »

Quoi qu'il en soit, les principaux articles du décret de la diète portaient qu'on licencierait les troupes, que tous les peuples jouiraient de la liberté, et qu'il serait permis à chacune des puissances confédérées de secourir les villes opprimées.

Les deux armées étaient dans un endroit de la Béotie nommé Leuctres. La veille de la bataille, pendant qu'Epaminondas faisait ses dispositions, inquiet d'un événement qui allait décider du sort de sa patrie, il apprit qu'un officier de distinction venait d'expirer tranquillement dans sa tente : « Eh ! bons dieux, s'écria-t-il, comment a-t-on le temps de mourir en pareille circonstance ? »

Le lendemain se donna cette bataille que les talents du général thébain rendront à jamais si mémorable. Cléombrote s'était placé à la droite de son armée, avec la phalange lacédémonienne, protégée par la cavalerie qui formait une première ligne. Epaminondas, assuré de la victoire s'il peut enfoncer cette aile si redoutable, prend le parti de refuser sa droite à l'ennemi, et d'attaquer par sa gauche. Il y fait passer ses meilleures troupes, les range sur cinquante de hauteur, et met aussi sa cavalerie en première ligne. A cet aspect, Cléombrote change sa première disposition; mais au lieu de donner plus de profondeur à son aile, il la prolonge pour déborder Epaminondas. Pendant ce mouvement, la cavalerie des Thébains fondit sur celle des Lacédémoniens et la renversa sur leur phalange, qui n'était plus qu'à douze de hauteur. Pélopidas, qui commandait le bataillon sacré, la prit en flanc. Epaminondas tomba sur elle avec tout le poids de sa colonne.

Elle en soutint le choc avec un courage digne d'une meilleure cause : d'un plus heureux succès. Des prodiges de valeur ne purent sauver Cléombrote. Les guerriers qui l'entouraient sacrifièrent leurs jours, ou pour sauver les siens, ou pour retirer son corps, que les Thébains n'eurent pas la gloire d'enlever.

Après sa mort, l'armée du Péloponèse se retira dans son camp, placé sur une hauteur voisine.

Le premier bruit de cette victoire n'excita dans Athènes qu'une jalousie indécente contre les Thébains. A Sparte, il réveilla ces sentiments extraordinaires que les lois de Lycurgue impriment dans tous les cœurs.

Les Thébains furent si enorgueillis de ce succès, que le philosophe Antisthène disait : « Je crois voir des écoliers tout fiers d'avoir battu leur maître. »

Deux ans après, Epaminondas et Pélopidas furent nommés béotarques, ou chefs de la ligue béotienne. Le concours des circonstances, l'estime, l'amitié, l'uniformité des vues et des sentiments formaient entre eux une union indissoluble. L'un avait sans doute plus de vertus et de talents ; mais l'autre, en reconnaissant cette supériorité, la faisait presque disparaître. Ce fut avec ce fidèle compagnon de ses travaux et de sa gloire qu'Epaminondas entra dans le Péloponèse, portant la terreur et la désolation chez les peuples attachés à Lacédémone, hâtant la défection des autres, brisant le joug sous lequel gémissaient les Messéniens depuis plusieurs siècles. Soixante et dix mille hommes de différentes nations marchaient sous ses ordres avec une égale confiance. Il les conduisit à Lacédémone, résolu d'attaquer ses habitants jusque dans leurs foyers, et d'élever un trophée au milieu de la ville.

Sparte n'a point de murs, point de citadelle. On y trouve plusieurs éminences qu'Agésilas eut soin de garnir de troupes. Il plaça son armée sur le penchant de la plus haute de ces éminences. C'est de là qu'il vit Epaminondas s'approcher à la tête de son armée, et faire ses dispositions pour franchir l'Eurotas, grossi par la fonte des neiges. Après l'avoir longtemps suivi des yeux, il ne laissa échapper que ces mots : « Quel homme ! quel prodige ! »

Cependant ce prince était agité de mortelles inquiétudes. Au-dehors une armée formidable, au-dedans un petit nombre de soldats qui ne se croyaient plus invincibles, et un grand nombre de factieux qui se croyaient tout permis ; les murmures et les plaintes des habitants qui voyaient leurs possessions dévastées et leurs jours en danger ; le cri général qui l'accusait d'être l'auteur de tous les maux de la Grèce ; le cruel souvenir d'un règne autrefois si brillant, et déshonoré sur sa fin par un spectacle aussi nouveau qu'effrayant ; car, depuis plus de cinq à six siècles, les ennemis avaient à peine osé tenter quelques incursions passagères sur les frontières de la Laconie, jamais les femmes de Sparte n'avaient vu la fumée de leur camp.

Malgré de si justes sujets d'alarmes, Agésilas montrait un front serein et méprisait les injures de l'ennemi qui, pour le forcer à quitter son poste, tantôt lui reprochait sa lâcheté, tantôt ravageait sous ses yeux les campagnes voisines.

Les chefs de la ligue béotienne ne sont en exercice que pendant une année, au bout de laquelle ils doivent remettre le commandement à leurs successeurs. Epaminondas et Pélopidas l'avaient conservé quatre mois entiers au delà du terme prescrit par la loi. Ils furent accusés et traduits en justice. Le dernier se défendit sans dignité : il eut recours aux prières. Epaminondas parut devant ses juges avec la même tranquillité qu'à la tête de son armée. « La loi me condamne, leur dit-il, je mérite la mort. Je demande seulement qu'on grave cette inscription sur mon tombeau : « Les Thébains ont fait mourir Epa-
» minondas parce qu'à Leuctres il les força d'attaquer et de vaincre
» ces Lacédémoniens qu'ils n'osaient pas auparavant regarder en face ;
» parce que sa victoire sauva sa patrie, et rendit la liberté à la Grèce ;
» parce que sous sa conduite les Thébains assiégèrent Lacédémone,
» qui s'estima trop heureuse d'échapper à sa ruine ; parce qu'il réta-
» blit Messène et l'entoura de fortes murailles. » Les assistants applau-
dirent au discours d'Epaminondas, et les juges n'osèrent pas le condamner.

Pendant les six années qui se sont écoulées depuis, nous avons vu plus d'une fois Epaminondas faire respecter les armes thébaines dans le Péloponèse, et Pélopidas les faire triompher en Thessalie.

Ce dernier marcha l'année dernière contre un tyran de Thessalie, nommé Alexandre, et périt dans le combat en poursuivant l'ennemi, qu'il avait réduit à une fuite honteuse. Thèbes et les puissances alliés pleurèrent sa mort : Thèbes a perdu l'un de ses soutiens, mais Epaminondas lui reste. Il se propose de porter les derniers coups à Lacé-

démone. Toutes les républiques de la Grèce se partagent, forment des ligues, font des préparatifs immenses. On prétend que les Athéniens se joindront aux Lacédémoniens et que cette union n'arrêtera point Epaminondas. Le printemps prochain décidera cette grande querelle. Tel fut le récit de Cléomède.

Après plusieurs jours d'une navigation heureuse, nous arrivâmes au Bosphore de Thrace. Bientôt après, nous aperçûmes la citadelle et les murs de Byzance, et nous entrâmes dans son port, après avoir laissé à gauche la petite ville de Chrysopolis, et reconnu du même côté celle de Chalcédoine.

II

Description de Byzance. — Colonies grecques. — Le détroit de l'Hellespont. — Voyage de Byzance à Lesbos.

Byzance, fondée autrefois par les Mégariens, successivement rétablie par les Milésiens et par d'autres peuples de la Grèce, est située sur un promontoire dont la forme est à peu près triangulaire. La vue, en parcourant l'horizon, se repose à droite sur cette mer qu'on appelle Propontide; en face, au-delà d'un canal étroit, sur les villes de Chalcédoine et de Chrysopolis; ensuite sur le détroit du Bosphore: enfin sur des côteaux fertiles, et sur un golfe qui sert de port, et qui s'enfonce dans les terres jusqu'à la profondeur de soixante stades.

Outre un gymnase et plusieurs espèces d'édifices publics, on trouve dans cette ville toutes les commodités qu'un peuple riche et nombreux peut se procurer. Il s'assemble dans une place assez vaste pour y mettre une petite armée en bataille. Il y confirme ou rejette les décrets d'un sénat plus éclairé que lui. Cette inconséquence m'a frappé dans plusieurs villes de la Grèce, et je me suis souvent rappelé le mot d'Anacharsis à Solon: « Parmi vous ce sont les sages qui discutent, et les fous qui décident. »

Nous sortîmes du port, et nous entrâmes dans la Propontide. Sur ses bords s'élèvent plusieurs villes célèbres fondées ou conquises par les Grecs ; les mers que nous avions parcourues offraient sur leurs rivages plusieurs établissements formés par les peuples de la Grèce.

J'en devais trouver d'autres dans l'Hellespont, et sans doute dans des mers plus éloignées. Quels furent les motifs de ces émigrations? De quel côté furent-elles dirigées? Les colonies ont-elles conservé des relations avec leurs métropoles? Cléomède étendit quelques cartes sous mes yeux, et Timagène s'empressa de répondre à mes questions.

La Grèce, me dit-il, est une presqu'île bornée à l'occident par la mer Ionienne, à l'orient par la mer Egée. Elle comprend aujourd'hui le Péloponèse, l'Attique, la Phoeide, la Béotie, la Thessalie, l'Etolie, l'Arcarnanie, une partie de l'Epire, et quelques autres petites provinces. C'est là que, parmi plusieurs villes florissantes, on distingue Lacédémone, Corinthe, Athènes et Thèbes.

Ici, par exemple, les Grecs se sont établis sur les rivages de la mer ; par-delà, nous avons à droite les campagnes fertiles de la Thrace ; à gauche, les limites du grand empire des Perses, occupées par les Bithyniens et par les Misiens. Ces derniers s'étendent le long de l'Hellespont, où nous allons entrer.

Ce détroit était le troisième que je trouvais sur ma route depuis que j'avais quitté la Scythie. Sa longueur est de quatre cents stades. Nous le parcourûmes en peu de temps. Le vent était favorable, le courant rapide : les bords de la rivière, car c'est le nom qu'on peut donner à ce bras de mer, sont entrecoupés de collines et couverts de villes et de hameaux. Nous aperçûmes d'un côté la ville de Lampsaque, dont le territoire est renommé pour ses vignobles, de l'autre l'embouchure d'une petite rivière nommée Ægos-Potamos, où Lysandre remporta cette victoire qui termina la guerre du Péloponèse. Plus loin, sont les villes de Sestos et d'Abydos, presque en face l'une de l'autre. Près de la première est la tour du Héro. C'est là, me dit-on, qu'une jeune prêtresse de Vénus se précipita dans les flots. Ils venaient d'engloutir Léandre, son amant, qui, pour se rendre auprès d'elle, était obligé de traverser le canal à la nage.

Ici, disait-on encore, le détroit n'a plus que sept stades de largeur. Xerxès, à la tête de la plus formidable des armées, y traversa la mer sur un double pont qu'il avait fait construire. De ce côté-ci, est le tombeau d'Hécube , de l'autre celui d'Ajax. Voici le port où la flotte d'Agamemnon se rendit en Asie ; et voilà les côtes du royaume de Priam.

Nous étions alors à l'extrémité du détroit : j'étais tout plein d'Homère et de ses passions : je demandai avec instance que l'on me mît à terre. Je m'élançai sur le rivage. Je vis Vulcain verser des torrents de flammes sur les vagues écumantes du Scamandre soulevé contre Achille. Je m'approchai des portes de la ville, et mon cœur fut déchiré des tendres adieux d'Andromaque et d'Hector. Je vis sur le mont Ida Pâris adjuger le prix de la beauté à la mère des Amours. J'y vis arriver Junon : la terre souriait en sa présence ; les fleurs naissaient sous ses pas ; elle avait la ceinture de Vénus ; jamais elle ne mérita mieux d'être appelée la reine des dieux.

Mais une si douce illusion ne tarda pas à se dissiper, et je ne pus reconnaître les lieux immortalisés par les poëmes d'Homère. Il ne reste aucun vestige de la ville de Troie ; ses ruines mêmes ont disparu. Des attérissements et des tremblemens de terre ont changé toute la face de cette contrée.

Je remontai sur le vaisseau, et je tressaillis de joie en apprenant que notre voyage allait finir, que nous étions sur la mer Egée, et que le lendemain nous serions à Mytilène, une des principales villes de Lesbos.

Vers le milieu de la nuit, nous côtoyâmes l'île de Ténédos. Au point du jour, nous entrâmes dans le canal qui sépare Lesbos du continent voisin. Bientôt après nous nous trouvâmes en face de Mytilène, et nous vîmes dans la campagne une procession qui s'avançait lentement vers un temple que nous distinguions dans le lointain. C'était celui d'Apollon, dont on célébrait la fête. Des voix éclatantes faisaient retentir les airs de leurs chants. Le jour était serein ; un doux zéphir se jouait dans nos voiles. Ravi de ce spectacle, je ne m'aperçus pas que nous étions dans le port. Cléomède trouva sur le rivage ses parents et ses amis, qui le reçurent avec des transports de joie. Avec eux s'était assemblé un peuple de matelots et d'ouvriers dont j'attirai les regards. On demandait avec une curiosité turbulente qui j'étais, d'où je venais, où j'allais.

III

Description de Lesbos, Pittacus, Arion, Terpandre, Alcée, Sapho.

On donne à Lesbos onze cents stades de tour. L'île est coupée par des montagnes et des collines. Les plaines qu'elles laissent dans leurs intervalles produisent du blé en abondance. On trouve, en plusieurs endroits, des sournes d'eaux chaudes, des agates et différentes pierres précieuses ; presque partout des oliviers, des myrtes, des figuiers ; mais la principale richesse des habitants consiste dans leurs vins, qu'en différents pays on préfère à tous ceux de la Grèce.

Le long des côtes, la nature a creusé des baies, autour desquelles se sont élevées des villes que l'art a fortifiées, et que le commerce a rendues florissantes. Telles sont Mytilène, Pyrrha, Méthymne, Arisba, Éressus, Antissa. Leur histoire n'offre qu'une suite de révolutions. Après avoir pendant longtemps joui de la liberté ou gémi dans la servitude, elles secouèrent le joug des Perses, du temps de Xerxès ; et pendant la guerre du Péloponèse, elles se détachèrent plus d'une fois de l'alliance des Athéniens ; mais elles furent toujours forcées d'y rentrer, et elles y sont encore aujourd'hui.

Lesbos est le séjour des plaisirs ou plutôt de la licence la plus effrénée. Les habitants ont sur la morale des principes qui se courbent à volonté, et se prêtent aux circonstances avec la même facilité que certaines règles de plomb dont se servent leurs architectes. Rien peut-être ne m'a autant surpris, dans le cours de mes voyages, qu'une pareille dissolution, et les changements passagers qu'elle opéra dans mon âme. J'étais comme un arbre qu'on transporterait d'une forêt dans un jardin, et dont les branches ne pourraient qu'à la longue se plier au gré du jardinier.

Pendant le cours de cette éducation, je m'occupais des personnages célèbres que Lesbos a produits. Je placerai à la tête des noms les plus distingués, colui de Pittacus, que la Grèce a mis au nombre de ses sages.

Par sa valeur et par sa prudence, il délivra Mytilène, sa patrie, des tyrans qui l'opprimaient, de la guerre qu'elle soutenait contre les Athéniens, et des divisions intestines dont elle était déchirée. Quand le pouvoir qu'elle exerçait sur elle-même et sur toute l'île fut déposé entre ses mains, il ne l'accepta que pour rétablir la paix dans son sein, et lui donner les lois dont elle avait besoin. Il en est une qui a mérité l'attention des philosophes, c'est celle qui inflige une double peine aux fautes commises dans l'ivresse. L'ouvrage de sa législation étant achevé, il résolut de consacrer le reste de ses jours à l'étude de la sagesse, et abdiqua sans faste le pouvoir souverain. On lui en demanda la raison ; il répondit : « J'ai été effrayé de de voir Périandre de Corinthe devenir le tyran de ses sujets après en avoir été le père ; il est trop difficile d'être toujours vertueux. »

Lesbos a produit une succession d'hommes à talents qui se sont transmis l'honneur de surpasser les autres musiciens de la Grèce dans l'art de jouer de la cithare. Les noms d'Arion de Méthymne et de Terpandre d'Antissa décorent cette liste nombreuse.

Environ cinquante ans après Terpandre, florissaient à Mytilène Alcée et Sapho, tous deux placés au premier rang des poètes lyriques. Alcée était né avec un esprit inquiet et turbulent. Il parut d'abord se destiner à la profession des armes, qu'il préférait à toutes les autres. Il professait hautement l'amour de la liberté, et fut soupçonné de nourrir en secret le désir de la détruire. Il se joignit avec ses frères à Pittacus, pour chasser Mélanchrus, tyran de Mytilène ; et aux mécontents, pour se lever contre l'administration de Pittacus. L'excès et la grossièreté des injures qu'il vomit contre ce prince n'attestèrent que sa jalousie. Il fut banni de Mytilène ; il revint quelque temps après à la tête des exilés, et tomba entre les mains de son rival, qui se vengea d'une manière éclatante en lui pardonnant.

Sapho aima Phaon, dont elle fut abandonnée : elle fit de vains efforts pour le ramener ; et, désespérant d'être désormais heureuse avec lui et sans lui, elle tenta le saut de Leucade et périt dans les flots.

Sapho a fait des hymnes, des odes, des élégies et quantité d'autres pièces, la plupart sur des rhythmes qu'elle avait introduits elle-même, toutes brillantes d'heureuses expressions dont elle enrichit la langue.

Quelle attention dans le choix des sujets et des mots ! Elle a peint

tout ce que la nature offre de plus riant ; elle l'a peint avec des couleurs les mieux assorties ; et ces couleurs, elle sait au besoin tellement
les nuancer, qu'il en résulte toujours un heureux mélange d'ombres
et de lumières. Son goût brille jusque dans le mécanisme de son style.
Là, par un artifice qui ne sent jamais le travail, point de heurtements
pénibles, point de chocs violents entre les éléments du langage, et l'o-
reille la plus délicate trouverait à peine dans une pièce entière quelques sons qu'elle voulût supprimer. Cette harmonie ravissante fait
que, dans la plupart de ses ouvrages, ses vers coulent avec plus de
grâce et de mollesse que ceux d'Anacréon et de Simonide.

—◆—

IV

Départ de Mytilène. — Description de l'Eubée. — Chalcis. — Arrivée
à Thèbes.

Le lendemain on nous pressa de nous embarquer. On venait d'attacher la chaloupe au vaisseau, et les deux gouvernails aux deux côtés de
la poupe. Nous quittâmes Mytilène avec regret.

Notre trajet fut heureux et sans événements. Nos tentes étaient
dressées auprès de celle du capitaine, qui s'appelait Phanès. Tantôt j'a-
vais la complaisance d'écouter le récit de ses voyages ; tantôt je repre-
nais Homère, et j'y trouvais de nouvelles beautés : car c'est dans les
lieux où il a écrit qu'on peut juger de l'exactitude de ces descriptions
et de la vérité de ses couleurs.

Cependant nous commencions à découvrir le sommet d'une montagne qui se nomme Ocha, et qui domine sur toutes celles de l'Eubée.
Plus nous avancions, plus l'île me paraissait se prolonger du midi au
nord.

Des ports excellents, des villes opulentes, des places fortes, de riches moissons, qui servent souvent à l'approvisionnement d'Athènes : tout cela joint à la position de l'île, donne lieu de présumer que, si elle tombait entre les mains d'un souverain, elle tiendrait aisément dans ses entraves les nations voisines.

Le capitaine donna ses ordres à l'équipage. Nous doublâmes le cap méridional de l'île, et nous entrâmes dans un détroit dont les rivages nous offraient de chaque côté des villes de différentes grandeurs : nous passâmes auprès des murs de Caryste et d'Érétrie, et nous arrivâmes à Chalcis.

Elle est située dans un endroit où, à la faveur des deux promontoires qui s'avancent de part et d'autre, les côtes de l'île touchent presque à celles de la Béotie. Ce léger intervalle, qu'on appelle Euripe, est en partie comblée par une digue que Timagène se souvenait d'avoir vu construire dans sa jeunesse. C'est là qu'on voit d'une manière plus sensible un phénomène dont on n'a pas encore pénétré la cause. Plusieurs fois, pendant le jour et pendant la nuit, les eaux de la mer se portent alternativement au nord et au midi, et emploient le même temps à monter et à descendre. Dans certains jours, le flux et le reflux paraissent assujetis à des lois constantes, comme celles du grand Océan. Bientôt ils ne suivent plus aucune règle, et vous voyez d'un moment à l'autre le courant changer de direction.

Chalcis est bâtie sur le penchant d'une montagne du même nom. Quelque considérable que soit son enceinte, on se propose de l'augmenter encore. De grands arbres qui s'élèvent dans les places et dans les jardins garantissent les habitants des ardeurs du soleil ; et une source abondante, nommé fontaine d'Aréthuse, suffit à leurs besoins. La ville est embellie par un théâtre, par des gymnases, des portiques, des temples, des statues et des peintures. Son heureuse situation, ses fabriques de cuivre, son territoire, arrosé par la rivière de Lélantus, et couvert d'oliviers, attirent dans son port les vaisseaux des nations commerçantes. Les habitants sont ignorants et curieux à l'excès : ils exercent l'hospitalité envers les étrangers ; et, quoique jaloux de la liberté, ils se plient aisément à la servitude.

Nous couchâmes à Chalcis, et le lendemain, à la pointe du jour, nous arrivâmes sur la côte opposée, à Aulis, petit bourg auprès duquel en une grande baie, où la flotte d'Agamemnon fut si longtemps retenue par les vents contraires.

D'Aulis nous passâmes par la Salagnée, et nous nous rendîmes à Authédon, par un chemin assez doux, dirigé en partie sur le rivage de la mer, et en partie sur une colline couverte de bois, de laquelle jaillissent quantité de sources.

Nous arrivâmes à Thèbes, et les premiers éclaircissements plongèrent le poignard dans le sein de Timagène. Les regrets de son absence avaient précipité dans le tombeau les auteurs de ses jours : son frère avait péri dans un combat ; sa sœur avait été mariée à Athènes ; elle n'était plus, et n'avait laissé qu'un fils et une fille. Sa douleur fut amère ; mais les marques d'attention et de tendresse qu'il reçut des citoyens de tous les états, de quelques parents éloignés, et surtout d'Epaminondas, adoucirent ses peines, et le dédommagèrent en quelque façon de ses pertes.

V

Séjour à Thèbes. — Epaminondas. Philippe de Macédoine.

Dans la relation d'un second voyage que je fis en Béotie, je parlerai de la ville de Thèbes et des mœurs des Thébains. Dans mon premier voyage je ne m'occuperai que d'Epaminondas.

Je lui fus présenté par Timagène. Il connaissait trop le sage Anacharsis pour ne pas être frappé de mon nom. Il fut touché du motif qui m'attirait dans la Grèce. Il me fit quelques questions sur les Scythes. J'étais si saisi de respect et d'admiration, que j'hésitais à répondre. Il s'en aperçut, et détourna la conversation sur l'expédition du jeune Cyrus, et sur la retraite des dix mille. Il nous pria de le voir souvent. Nous le vîmes tous les jours.

Je me souvins, avec un plaisir mêlé d'orgueil, d'avoir vécu familièrement avec le plus grand homme peut-être que la Grèce ait pro-

duit. Et pourquoi ne pas accorder ce titre au général qui perfectionna
l'art de la guerre, qui effaça la gloire des généraux les plus célèbres,
et ne fut jamais vaincu que par la fortune; à l'homme d'état qui
donna aux Thébains une supériorité qu'ils n'avaient jamais eue, et
qu'ils perdirent à sa mort; au négociateur qui prit toujours, dans les
diètes, l'ascendant sur les autres députés de la Grèce, et qui sut retenir
dans l'alliance de Thèbes, sa patrie, les nations jalouses de l'accroissement de cette nouvelle puissance; à celui qui fut aussi éloquent que la
plupart des orateurs d'Athènes, aussi dévoué à sa patrie que Léonidas,
et plus juste peut-être qu'Aristide lui-même?

Dans une vie où l'homme privé n'est pas moins admirable que
l'homme public, il suffira de choisir au hasard quelques traits qui ser-
viront à caractériser l'un et l'autre. J'ai déjà rapporté ses principaux
exploits dans le premier chapitre de cet ouvrage.

Sa maison était moins l'asile que le sanctuaire de la pauvreté. Elle
y régnait avec la joie pure de l'innocence, avec la paix inaltérable du
bonheur, au milieu des autres vertus auxquelles elle prêtait de nouvelles forces, et qui la paraient de leur éclat. Elle y régnait dans un
dénument si absolu, qu'on aurait de la peine à le croire. Prêt à faire
une irruption dans le Péloponèse, Épaminondas fut obligé de travailler
à son équipage. Il emprunta cinquante drachmes; et c'était à peu près
dans le temps qu'il rejetait avec indignation cinquante pièces d'or qu'un
prince de Thessalie avait osé lui offrir. Quelques Thébains essayèrent
vainement de partager leur fortune avec lui; mais il leur faisait partager
l'honneur de soulager les malheureux.

Nous le trouvâmes un jour avec plusieurs de ses amis qu'il avait
rassemblés. Il leur disait : « Sphodrias a une fille en âge d'être mariée. Il est trop pauvre pour lui constituer une dot. Je vous ai taxés
chacun en particulier suivant vos facultés. Je suis obligé de rester
quelques jours chez moi; mais à ma première sortie, je vous présen-
terai cet honnête citoyen. Il est juste qu'il reçoive de vous ce bienfait, et qu'il en connaisse les auteurs. » Tous souscrivirent à cet arran-
gement, et le quittèrent en le remerciant de sa confiance. Timagène,
inquiet de ce projet de retraite, lui en demanda le motif. Il répondit
simplement: » Je suis obligé de faire blanchir mon manteau. » En
effet il n'en avait qu'un.

Un moment après entra Micythus. C'était un jeune homme qu'il
aimait beaucoup. « Diomédon de Cyzique est arrivé, dit Micythus ;

il s'est adressé à moi pour l'introduire près de vous. Il a des proposi-
tions à vous faire de la part du roi de Perse, qui l'a chargé de vous
remettre une somme considérable. Il m'a même forcé d'accepter cinq
talents. — Faites-le venir, répondit Épaminondas. Écoutez, Diomédon,
lui dit-il : si les vues d'Artaxerxès sont conformes aux intérêts de ma
patrie, je n'ai pas besoin de ses présents ; si elles ne le sont pas, tout
l'or de son empire ne me ferait pas trahir mon devoir. Vous avez jugé
de mon cœur par le vôtre : je vous le pardonne ; mais sortez au plutôt de cette ville de peur que vous ne corrompiez les habitants. Et
vous, Micythus, si vous ne rendez à l'instant même l'argent que vous
avez reçu, je vais vous livrer aux magistrats. » Nous nous étions
écartés pendant cette conversation, et Micythus nous en fit le récit le
moment d'après.

Jamais il ne brigua ni ne refusa les charges publiques. Plus d'une
fois il servit comme simple soldat sous des généraux sans expérience
que l'intrigue lui avait fait préférer. Plus d'une fois les troupes assié-
gées dans leur camp, et réduites aux plus fâcheuses extrémités, im-
plorèrent son secours. Alors il dirigeait les opérations, repoussait l'ennemi , et ramenait tranquillement l'armée , sans se souvenir de
l'injustice de sa patrie ni du service qu'il venait de lui rendre.

Daïphantus et Iollidas, deux officiers-généraux qui avaient mérité
son estime, disaient un jour à Timagène : Vous l'admireriez bien plus
si vous l'aviez suivi dans ses expéditions ; si vous aviez étudié ses
marches, ses campements, ses dispositions avant la bataille, sa valeur
brillante et sa présence d'esprit dans la mêlée ; si vous l'aviez vu,
toujours actif, toujours tranquille, pénétrer d'un coup d'œil les pro-
jest de l'ennemi, lui inspirer une sécurité funeste, multiplier autour
de lui des piéges presque inévitables, maintenir en même temps la
plus exacte discipline dans son armée, réveiller par des moyens im-
prévus l'ardeur de ses soldats, s'occuper sans cesse de leur conservation, et surtout de leur bonheur.

Nous avions souvent occasion de voir Polymnis, père d'Épaminondas. Ce respectable vieillard était moins touché des hommages que
l'on rendait à ses vertus, que des honneurs que l'on décernait à son
fils. Il nous rappela plus d'une fois ce sentiment si tendre, qu'au
milieu des applaudissements de l'armée, Épaminondas laissa éclater
après la bataille de Leuctres : « Ce qui me flatte le plus, c'est que
les auteurs de mes jours vivent encore, et qu'ils jouiront de ma
gloire.

Anacharsis.   2

Les Thébains avaient chargé Polymnis de veiller sur le jeune Philippe, frère de Perdiccas, roi de Macédoine. Pélopidas, ayant pacifié les troubles de ce royaume, avait reçu pour otages ce prince et trente jeunes seigneurs macédoniens. Philippe, âgé d'environ dix-huit ans, réunissait déjà le talent au désir de plaire. En le voyant, on était frappé de sa beauté, en l'écoutant de son esprit et de sa mémoire, de son éloquence et des grâces qui donnaient tant de charmes à ses paroles.

Philippe était assidu auprès d'Épaminondas : il étudiait dans le génie d'un grand homme le secret de le devenir un jour : il recueillait avec empressement ses discours, ainsi que ses exemples ; et ce fut dans cette excellente école, qu'il apprit à se modérer, à entendre la vérité, à revenir de ses erreurs, à connaître les Grecs ; et à les asservir.

VI

Départ de Thèbes. — Arrivée à Athènes. — Habitants de l'Attique.

J'ai dit plus haut qu'il ne restait à Timagène qu'un neveu et une nièce, établis à Athènes. Le neveu s'appela t Philotas, et la nièce Épicharis. Elle avait épousé un riche Athénien nommé Apollodore. Ils vinrent à Thèbes dès les premiers jours de notre arrivée. Timagène goûta dans la société une douceur et une paix que son cœur ne connaissait plus depuis long-temps. Philotas était de même âge que moi. Je commençais à me lier avec lui, et bientôt il devint mon guide, mon compagnon, mon ami, le plus tendre et le plus fidèle des amis.

Ils nous avaient fait promettre, avant leur départ, que nous irions bientôt les rejoindre. Nous prîmes congé d'Épaminondas, avec une douleur qu'il daigna partager, et nous nous rendîmes à Athènes, le 46 du mois anthestérion, dans la deuxième année de la cent quatrième olympiade (le 13 mars de l'an 362 avant J.-C.). Nous trouvâmes dans la maison d'Apollodore les agréments et les secours que nous devions attendre de ses richesses et de son crédit.

Le lendemain de mon arrivée, je courus à l'Académie ; j'aperçus Platon ; j'allai à l'atelier de peinture Euphranor. J'étais dans cette espèce d'ivresse que causent au premier moment la présence des hommes célèbres et le plaisir de les approcher. Je fixai ensuite mes regards sur la ville, et pendant quelques jours j'en admirai les monuments, et j'en parcourus le dehors.

Athènes est comme divisée en trois parties, savoir la citadelle, construite sur un rocher ; la ville, située autour de ce rocher, les ports de Phalère, de Munychie et du Pirée.

C'est sur le rocher de la citadelle que s'établirent les premiers habitants d'Athènes, c'est là que se trouvait l'ancienne ville. Quoiqu'elle ne fût naturellement accessible que du côté du sud-ouest, elle était partout environnée de murs qui subsistent encore.

Le circuit de la nouvelle ville est de soixante stades. Les murs flanqués de tours, et élevés à la hâte, du temps de Thémistocle, offrent de toutes parts des fragments de colonnes et des débris d'architecture, mêlés confusément avec les matériaux informes qu'on avait employée à leur construction. L'enceinte totale de la ville est de près de deux cents stades.

Au sud-ouest, et tout près de la citadelle, est le rocher du Muséum, séparé, par une petite vallée, d'une colline où l'aréopage tient ses séances. D'autres éminences concourent à rendre le sol de la ville extrêmement inégal. Elles donnent naissance à quelques faibles sources qui ne suffisent pas aux habitants. Il suppléent à cette disette par des puits et des citernes, où l'eau acquiert une fraîcheur qu'ils recherchent avec soin.

L'Ilissus et le Céphise serpentent autour de la ville ; et près de leur bords, on a ménagé des promenades publiques. Plus loin, et à diverses distances, des collines couvertes d'oliviers, de lauriers ou de vignes, et appuyées sur de hautes montagnes, forment comme une enceinte autour de la plaine qui s'étend vers le midi jusqu'à la mer.

L'Attique est une espèce de presqu'île de forme triangulaire. Le côté qui regarde l'Argolide peut avoir en droite ligne trois cents cinquante-sept stades, celui qui borne la Béotie deux cent trente-cinq, celui qui est à l'opposite de l'Eubée quatre cent six. Sa surface est de cinquante-trois mille deux cents stades carrés : je n'y comprends pas celle de l'île Salamine, qui n'est que de deux mille neuf cent vingt-sept stades carrés.

On divise les habitants de l'Attique en trois classes. Dans la première sont les citoyens, dans la seconde les étrangers domiciliés, dans la troisième les esclaves.

On distingue deux sortes d'esclaves, les uns Grecs d'origne, les autres étrangers. Les premiers, en général, sont ceux que le sort des armes a fait tomber entre les mains d'un vainqueur irrité d'une trop longue résistance ; les seconds viennent de Thrace, de Phrygie, de Carie, et des pays habités par les barbares.

Dans presque toute la Grèce le nombre des esclaves surpasse infiniment celui des citoyens. Presque partout on s'épuise en efforts pour les retenir dans la dépendance. Lacédémone, qui croyait par la rigueur les forcer à l'obéissance, les a souvent poussés à la révolte. Athènes, qui voulait par des voies plus douces les rendre fidèles, les a rendus insolents.

Il s'en est trouvé qui ont mérité leur liberté en combattant pour la république, et d'autres fois en donnant à leurs maîtres des preuves d'un zèle et d'un attachement qu'on cite encore pour exemple. Lorsqu'ils ne peuvent l'obtenir par leurs services, ils l'achètent par un pécule qu'il leur est permis d'acquérir, et dont ils se servent pour faire des présents à leurs maîtres dans des occasions d'éclat, par exemple lorsqu'il naît un enfant dans la maison, ou lorsqu'il s'y fait un mariage.

Quand un esclave est affranchi, il ne passe pas dans la classe des citoyens, mais dans celle des domiciliés, qui tient à cette dernière par la liberté, et à celle des esclaves par le peu de considération dont elle jouit.

Les domiciliés, au nombre d'environ dix mille, sont des étrangers établis avec leurs familles dans l'Attique ; la plupart exerçant des métiers ou servant dans la marine.

Ils doivent se choisir, parmi les citoyens, un patron qui réponde de leur conduite, et payer au trésor public un tribut annuel de douze drachmes pour les chefs de famille, et de six drachmes pour leurs enfants.

Dans les cérémonies religieuses, des fonctions particulières les distinguent des citoyens : les hommes doivent porter une partie des offrandes, et leurs femmes étendre des parasols sur les femmes libres.

La condition des domiciliés commence à s'adoucir. Ils sont depuis quelque temps moins vexés sans être plus satisfaits de leur sort, parce qu'après avoir obtenu des égards, ils voudraient avoir des distinctions, et qu'il est difficile de n'être rien dans une ville où tant de gens sont quelque chose.

On est citoyen de naissance lorsqu'on est issu d'un père et d'une mère qui le sont eux-mêmes ; et l'enfant d'un Athénien qui épouse une étrangère ne doit avoir d'autre état que celui de sa mère. Périclès fit cette loi dans un temps où il voyait autour de lui des enfants propres à perpétuer sa maison.

Lorsque dans les commencements il fallut peupler l'Attique, on donna le titre de citoyen à tous ceux qui venaient s'y établir. Lorsqu'elle fut suffisamment peuplée, Solon ne l'accorda qu'à ceux qui s'y transportaient avec leur famille, ou qui, pour toujours exilés de leur pays, cherchaient ici un asile assuré.

On compte parmi les citoyens de l'Attique vingt mille hommes en état de porter les armes.

Tous ceux qui se distinguent par leurs richesses, par leur naissance, par leurs vertus et par leur savoir, forment ici, comme partout ailleurs, la principale classe des citoyens, qu'on peut appeler la classe des notables.

On considère donc les familles qui prétendent descendre ou des dieux, ou des rois d'Athènes, ou des premiers héros de la Grèce, et encore plus celles dont les auteurs ont donné de grands exemples de vertus, rempli les premières places de la magistrature, gagné des batailles et remporté des couronnes aux jeux publics.

VII

Séance à l'Académie.

J'étais depuis quelques jours à Athènes ; j'avais déjà parcouru rapidement les singularités qu'elle renferme. Quand je fus plus tranquille, Apollodore, mon hôte, me proposa de retourner à l'Académie.

L'Académie n'est éloignée de la ville que de six stades (un quart de lieue). C'est un emplacement qu'un citoyen d'Athènes, nommé Académus, avait autrefois possédé. On y voit maintenant un gymnase et un jardin entouré de murs, orné de promenades couvertes et charmantes, embelli par des eaux qui coulent à l'ombre des platanes et de plusieurs espèces d'autres arbres. A l'entrée est l'autel de l'Amour et la statue de ce dieu ; dans l'intérieur sont des autels de plusieurs autres divinités. Non loin de là, Platon a fixé sa résidence auprès d'un petit temple qu'il a consacré aux Muses, et dans une portion de terrain qui lui appartient. Il vient tous les jours à l'Académie. Nous l'y trouvâmes au milieu de ses disciples, et je me sentis pénétré du respect qu'inspire sa présence.

La mère de Platon, me dit Apollore, était de la même famille que Solon, notre législateur, et son père rapportait son origine à Codrus, le dernier de nos rois, mort il y a environ sept cents ans. Dans sa jeunesse, la peinture, la musique, les différents exercices du gymnase remplirent tous ses moments. Comme il était né avec une imagination forte et brillante, il fit des dithyrambes, s'exerça dans le genre épique, compara ses vers à ceux d'Homère, et les brûla. Il crut que le théâtre pourrait le dédommager de ce sacrifice : il composa quelques tragédies ; et pendant que les acteurs se préparaient à les représenter, il connut Socrate, supprima ses pièces, et se livra tout entier à la philosophie.

Ainsi, renonçant à son projet, il résolut d'augmenter ses connaissances, et de les consacrer à notre instruction. Dans cette vue, il se rendit à Mégare, en Italie, à Cyrène, en Egypte, partout où l'esprit humain avait fait des progrès. Il avait environ quarante ans quand il fit le voyage de Sicile pour voir l'Etna. Denys, tyran de Syracuse, désira de l'entretenir. Là conversation roula sur le bonheur, sur la justice, sur la véritable grandeur. Platon ayant soutenu que rien n'est si lâche et si malheureux qu'un prince injuste, Denys en colère lui dit : « Vous parlez comme un radoteur. — Et vous comme un tyran, » répondit Platon. Cette réponse pensa lui coûter la vie. Il fut vendu, racheté et ramené dans sa patrie. Quelque temps après, le roi de Syracuse, incapable de remords, mais jaloux de l'estime des Grecs, lui écrivit ; et l'ayant prié de l'épargner dans ses discours, il n'en reçut que cette réponse méprisante : « Je n'ai pas assez de loisir pour me souvenir de Denys. »

Son mérite lui a fait des ennemis : il s'en est attiré lui-même en versant dans ses écrits une ironie piquante contre plusieurs auteurs célèbres. Il est vrai qu'il la met sur le compte de Socrate ; mais l'adresse avec laquelle il la manie, et différents traits qu'on pourrait citer de lui, prouvent qu'il avait, du moins dans sa jeunesse, assez de penchant à la satire. Cependant ses ennemis ne troublent point le repos qu'entretiennent dans son cœur ses succès ou ses vertus. Il a des vertus en effet ; les unes qu'il a reçues de la nature, d'autres qu'il a eu la force d'acquérir. Il était né violent ; il est à présent le plus doux et le plus patient des hommes.

e demandai ensuite à Apollodore : « Quel est ce jeune homme maigre et sec que je vois auprès de Platon, qui grasseye et qui a les yeux petits et pleins de feu ? — C'est, me dit-il, Aristote de Stagire, fils de Nicomaque, le médecin et l'ami d'Amyntas, roi de Macédoine. Nicomaque laissa une fortune assez considérable à son fils, qui vint, il y a environ cinq ans, s'établir parmi nous. Il pouvait alors avoir dix-sept à dix-huit ans. Je ne connais personne qui ait autant d'esprit et d'application. Platon le distingue de ses autres disciples, et ne lui reproche que d'être trop recherché dans ses habits.

» Celui que vous voyez auprès d'Aristote, continua Apollodore, est Zénocrate de Chalcédoine. Platon l'exhorte souvent à sacrifier aux Grâces. Il dit de lui et d'Aristote, que l'un a besoin de frein et l'autre d'éperon.

— Comment nommez-vous, dis-je alors, cet autre jeune homme qui paraît être d'une santé si délicate ? — C'est Démosthène, me dit Apollodore. Il est né dans une condition honnête. Son père, qu'il perdit à l'âge de sept ans, occupait une assez grande quantité d'esclaves à forger des épées et à faire des meubles de différentes sortes. Il vient de gagner un procès contre ses tuteurs, qui voulaient le frustrer d'une partie de son bien : il a plaidé lui-même sa cause, quoiqu'il ait à peine dix-sept ans. Il veut se consacrer au barreau ; et dans ce dessein il fréquente l'école d'Isée plutôt que celle d'Isocrate, parce que l'éloquence du premier lui paraît plus nerveuse que celle du second. S'il vient dans ce lieu, c'est pour y puiser à la fois des principes de philosophie et des leçons d'éloquence.

» Le même motif attire les trois élèves que vous voyez auprès de Démosthène. L'un s'appelle Eschine : c'est ce jeune homme si brillant de santé. Né dans une condition obscure, il exerça dans son enfance des fonctions assez viles ; et comme sa voix est belle et sonore, on le fit ensuite monter sur le théâtre, où cependant il ne joua que des rôles subalternes. Il a des grâces dans l'esprit, et cultive la poésie avec quelque succès. Le second s'appelle Hypéride, et le troisième Licurgue. Ce dernier appartient à l'une des plus anciennes familles de la république.

Quelquefois Platon lisait ses ouvrages à ses disciples ; d'autres fois il leur proposait une question, leur donnait le temps de la méditer, et les accoutumait à définir avec exactitude les idées qu'ils attachaient aux mots. C'était communément dans les allées de l'Académie qu'il donnait ses leçons, car il regardait la promenade comme plus utile à la santé que les exercices violents du gymnase. Ses anciens disciples, ses amis, ses ennemis même venaient l'entendre, et d'autres s'y rendaient, attirés par la beauté du lieu.

J'y vis arriver un homme âgé d'environ quarante-cinq ans. Il était sans souliers, sans tunique, avec une longue barbe, un bâton à la main, une besace sur l'épaule, et un manteau sous lequel il tenait un coq en vie et sans plumes. Il le jeta au milieu de l'assemblée en disant : « Voilà l'homme de Platon. » Il disparut aussitôt. Platon sourit ; ses disciples murmurèrent. Apollodore me dit : « Platon avait défini l'homme un animal à deux pieds, sans plumes ; Diogène a voulu démontrer que sa définition n'est pas exacte. — J'avais pris cet inconnu, lui dis-je, pour un de ces mendiants importuns qu'on ne trouve que parmi les nations riches et policées. — Il mendie en effet, quelquefois, me répondit-il, mais ce n'est pas toujours par besoin. » Comme ma surprise augmentait, il me dit : « Allons nous asseoir sous ce platane ; je vous raconterai son histoire en peu de mots, et je vous ferai connaître quelques Athéniens célèbres que je vois dans les allées voisines. » Nous nous assîmes en face d'une tour qui porte le nom de Timon le misanthrope, et d'une colline couverte de verdure et de maisons, qui s'appelle Colone.

« Vers le temps où Platon ouvrait son école à l'Académie, reprit Apollodore, Antisthène, autre disciple de Socrate, établissait la sienne sur une colline placée de l'autre côté de la ville. Ce philosophe cherchait, dans sa jeunesse, à se parer des dehors d'une vertu sévère, et ses intentions n'échappèrent point à Socrate, qui lui dit un jour : » Antisthène, j'aperçois votre vanité à travers les trous de votre manteau. » Instruit par son maître que le bonheur consiste dans la vertu, il fit consister la vertu dans le mépris des richesses et de la volupté : et pour accréditer ses maximes, il parut en public un bâton à la main, une besace sur les épaules, comme un de ces infortunés qui exposent leur misère aux passants. La singularité de ce spectacle lui attira des disciples que son éloquence fixa pendant quelque temps auprès de lui. Mais les austérités qu'il leur prescrivait les éloignèrent insensiblement, et cette désertion lui donna tant de dégoût qu'il ferma son école.

Diogène parut alors dans cette ville. Il avait été banni de Sinope, sa patrie, avec son père, accusé d'avoir altéré la monnaie. Après beaucoup de résistance, Antisthène lui communiqua ses principes, et Diogène ne tarda pas à les étendre ; Antisthène cherchait à corriger les passions ; Diogène voulut les détruire.

L'homme dont Diogène s'est formé le modèle, et qu'il cherche quelquefois une lanterne à la main ; cet homme, étranger à tout ce qui l'environne, inaccessible à tout ce qui flatte les sens, qui se dit citoyen de l'univers, et qui ne le saurait être de sa patrie ; cet homme serait aussi malheureux qu'inutile dans les sociétés policées, et n'a pas même existé avant leur naissance. Diogène a cru en apercevoir une faible esquisse parmi les Spartiates. « Je n'ai vu, dit-il, des hommes nulle part ; mais j'ai vu des enfants à Lacédémone. »

Diogène a de la profondeur dans l'esprit, de la fermeté dans l'âme, de la gaîté dans le caractère. Il expose ses principes avec tant de clarté, et les développe avec tant de force, qu'on a vu des étrangers l'écouter, et sur-le-champ abandonner tout pour le suivre. Comme il se croit appelé à réformer les hommes, il n'a pour eux aucune espèce de ménagement. Son système le porte à déclamer contre les vices et les abus, son caractère à poursuivre sans pitié ceux qui les perpétuent. Il lance à tous moments sur eux les traits de la satire, et ceux de l'ironie, mille fois plus redoutables. La liberté qui règne dans ses discours le rend agréable au peuple. On l'admet dans la bonne compagnie, dont il modère l'ennui par des reparties promptes, quelquefois heureuses, et toujours fréquentes, parce qu'il ne se refuse rien. Les jeunes gens le recherchent pour faire assaut de plaisanterie avec lui, et se vengent de sa supériorité par des outrages qu'il supporte avec une tranquillité qui les humilie. Je l'ai vu souvent leur reprocher des expressions et des actions qui faisaient rougir la pudeur ; et je ne crois pas que lui-même se soit livré aux excès dont ses ennemis l'accusent. Son indécence est dans les manières plutôt que dans les mœurs.

De grands talents, de grandes vertus, de grands efforts n'en feront qu'un homme singulier ; et je souscrirai toujours au jugement de Platon, qui a dit de lui : « C'est Socrate en délire. »

Dans ce moment nous vîmes passer un homme qui se promenait lentement auprès de nous. Il paraissait âgé d'environ quarante ans. Il avait l'air triste et soucieux, la main dans son manteau. Quoique son extérieur fût très-simple, Apollodore s'empressa de l'aborder avec un respect mêlé d'admiration et de sentiment : et, revenant s'asseoir auprès de moi : C'est Phocion, me dit-il ; et ce nom doit à jamais réveiller dans votre esprit l'idée de la probité même. Sa naissance est obscure ; mais son âme est infiniment élevée. Il fréquenta de bonne heure l'Académie, il y puisa les principes sublimes qui depuis ont dirigé sa conduite, principes gravés dans son cœur, et aussi invariables que la justice e la vérité dont ils émanent.

Vous ne le verrez jamais ni rire ni pleurer, quoiqu'il soit heureux et sensible ; c'est que son âme est plus forte que la joie et la douleur. Ne soyez point effrayé du nuage sombre dont ses yeux paraissent obscurcis. Phocion est facile, humain, indulgent pour nos faiblesses. Il n'est amer et sévère que pour ceux qui corrompent les mœurs par leurs exemples ou qui perdent l'état par leurs conseils.

Après Phocion, venaient deux Athéniens, dont l'un se faisait remarquer par une taille majestueuse et une figure imposante. Apollodore me dit : Il est le fils d'un cordonnier, et gendre de Cotys, roi de Thrace : il s'appelle Iphicrate. L'autre est fils de Conon, qui fut un des plus grands hommes de ce siècle, et s'appelle Timothée.

— Ils ont tous deux le talent de la parole. L'éloquence d'Iphicrate est pompeuse et vaine ; celle de Timothée plus simple et plus persuasive. Nous leur avons élevé des statues, et nous les bannirons peut-être un jour

VIII

Lycée. — Gymnases. — Socrate. — Palestres. — Funérailles des Athéniens.

Un autre jour, au moment qu'Apollodore entrait chez moi pour me proposer une promenade au Lycée, je courus à lui m'écriant : Le connaissez-vous ? — Qui ? — Isocrate. Je viens de lire un de ses discours ; j'en suis transporté. Vit-il encore ? où est-il ? que fait-il ? Il est ici, répondit Apollodore. Il professe l'éloquence. C'est un homme célèbre ; je le connais. — Je veux le voir aujourd'hui, ce matin, dans l'instant même. — Nous irons chez lui en revenant du Lycée.

Nous passâmes par le quartier des Marais, et sortant par la porte d'Égée, nous suivîmes un sentier le long de l'Ilisus, torrent impétueux ou ruisseau paisible, qui, suivant la différence des saisons, se précipite ou se traîne au pied d'une colline par où finit le mont Hymette.

Après avoir repassé l'Ilisus nous nous trouvâmes dans un chemin où l'on s'exerce à la course, et qui nous conduisit au Lycée.

Les Athéniens ont trois gymnases destinés à l'institution de la jeunesse : celui du Lycée ; celui du Cynosarge, situé sur une colline de ce nom ; et celui de l'Académie. Tous trois ont été construits hors des murs de la ville aux frais du gouvernement. On ne recevait autrefois dans le second que des enfants illégitimes.

Un magistrat sous le nom gymnasiarque préside aux différents gymnases d'Athènes. Sa charge est annuelle, et lui est conférée par l'assemblée générale de la nation.

Les gymnases devant être l'asile de l'innocence et de la pudeur, Solon en avait interdit l'entrée au public, pendant que les élèves, célébrant une fête en l'honneur de Mercure, étaient moins surveillés par leurs instituteurs ; mais ce règlement n'est plus observé.

Les exercices qu'on y pratique sont ordonnés par les lois, soumis à des règles animées par les éloges des maîtres, et plus encore par l'émulation qui subsiste entre les disciples. Toute la Grèce les regarde comme la partie la plus essentielle de l'éducation, parce qu'ils rendent un homme agile, robuste, capable de supporter les travaux de la guerre et les loisirs de la paix. Considérés par rapport à la santé, les médecins les ordonnent avec succès.

Nous avions à peine fait quelque pas, que nous trouvâmes un vieillard vénérable qu'Apollodore me parut bien aise de voir. Après les premiers compliments, il lui demanda où il allait. Le vieillard répondit d'une voix grêle : Je vais dîner chez Platon avec Éphore et Théopompe, qui m'attendent à la porte Dipyle. — C'est justement notre chemin, reprit Apollodore ; nous aurons le plaisir de vous accompagner. Mais, dites-moi, vous aimez donc toujours Platon ? — Autant que je me flatte d'en être aimé. Notre liaison, formée dès notre enfance, ne s'est point altérée depuis. Il s'en est souvenu dans un de ses dialogues, où Socrate, qu'il introduit comme interlocuteur, parle de moi en termes très-honorables. — Cet hommage vous était dû. On se souvient qu'à la mort de Socrate, pendant que ses disciples effrayés prenaient la fuite, vous osâtes paraître en habit de deuil dans les rues d'Athènes.

Fils de Théodore, lui dit Apollodore, n'êtes-vous pas du même âge que Platon ? — J'ai six à sept ans de plus que lui. — On dit que vous êtes fort riche ? — J'ai acquis par mes veilles de quoi satisfaire les désirs d'un homme sage. Un discours que j'adressai à Nicoclès, roi de Chypre, m'attira de sa part une gratification de vingt talents. J'ouvris des cours publics d'éloquence. Le nombre de mes disciples ayant augmenté de jour en jour, j'ai recueilli le fruit d'un travail qui a rempli tous les moments de ma vie.

Apollodore continuait : vous avez une famille aimable, une bonne santé, une fortune aisée, des disciples sans nombre, un nom que vous avez rendu célèbre, et des vertus qui vous placent parmi les plus honnêtes citoyens de cette ville. Avec tant d'avantages vous devez être le plus heureux des Athéniens. — Hélas ! répondit le vieillard : je suis peut-être le plus malheureux des hommes. J'avais attaché mon bonheur à la considération ; mais, comme d'un côté l'on ne peut être considéré dans une démocratie qu'en se mêlant des affaires publiques, et que d'un autre côté la nature ne m'a donné qu'une voix faible et une excessive timidité, il est arrivé que, très-capable de discerner les vrais intérêts de l'état, incapable de les défendre dans l'assemblée générale, j'ai toujours été violemment tourmenté de l'ambition et de l'impossibilité d'être utile, ou, si vous voulez, d'obtenir du crédit. Les Athéniens reçoivent gratuitement chez moi des leçons d'éloquence ; les étrangers, pour le prix de mille drachmes ; j'en donnerais dix mille à celui qui me procurerait de la hardiesse avec un organe sonore. — Vous avez réparé les torts de la nature, vous instruisez par vos écrits ce public à qui vous ne pouvez adresser la parole, et qui ne saurait vous refuser son estime. — Eh ! que me fait l'estime des autres, si je ne puis pas y joindre la mienne ? Je pousse quelquefois jusqu'au mépris la faible idée que j'ai de mes talents.

Du moins, ajoutait Apollodore, l'envie ne saurait se dissimuler que vous avez hâté les progrès de l'art oratoire. — Et c'est ce mérite qu'on veut aussi m'enlever. Un tel acharnement me pénètre de douleur. Mais j'aperçois Éphore et Théopompe. Je vais les mener chez Platon, et je prends congé de vous.

Dès qu'il fut parti, je me tournai bien vite vers Apollodore. Quel est donc, lui dis-je, ce vieillard si modeste avec tant d'amour propre, et si malheureux avec tant de bonheur ? C'est, me dit il, Isocrate, chez qui nous devions passer à notre retour. Je l'ai engagé par mes questions à vous tracer les principaux traits de sa vie et de son caractère. Vous avez vu qu'il montra deux fois du courage dans sa jeunesse. Sa destinée est de courir sans cesse après la gloire et de ne jamais trouver le repos.

Malheureusement pour lui ses ouvrages, remplis d'ailleurs de grandes beautés, fournissent des armes puissantes à la critique; son style est pur et coulant, plein de douceur et d'harmonie, quelquefois pompeux et magnifique, mais quelquefois aussi traînant, diffus, et surtout chargé d'ornement qui le déparent.

Pendant qu'Apollodore m'instruisait de ces détails nous traversions la place publique. Il me conduisit ensuite par la rue des Hermès, et me fit entrer dans la Palestre de Tauréas, situé en face du portique royal.

Comme Athènes possède différents gymnases, elle renferme aussi plusieurs palestres. On exerce les enfants dans les premières de ces écoles, les athlètes de profession dans les secondes. Nous en vîmes un grand nombre qui avaient remporté des prix aux jeux établis en différentes villes de la Grèce, et d'autres qui aspiraient aux mêmes honneurs. Plusieurs Athéniens, et même des vieillards, s'y rendent assidûment pour continuer leurs exercices ou pour être témoins des combats qu'on y livre.

La lutte, le saut, la paume, tous les exercices du Lycée, se retracèrent à nos yeux sous des formes plus variées, avec plus de force et d'adresse de la part des acteurs.

Parmi les différens groupes qu'ils composaient on distinguait des hommes de la plus grande beauté, et dignes de servir de modèles aux artistes; les uns avec des traits vigoureux et fièrement prononcés, comme on représente Hercule; d'autres d'une taille plus svelte et plus élégante, comme on peint Achille. Les premiers, se destinant aux combats de la lutte et du pugilat, n'avaient d'autre objet que d'augmenter leurs forces; les seconds, dressés pour des exercices moins violents, tels que la course, le saut, etc., que de se rendre légers.

Leur régime s'assortit à leur destination. Plusieurs s'abstiennent des femmes et du vin.

L'excès de nourriture les fatigue tellement, qu'ils sont obligés de passer une partie de leur vie dans un sommeil profond. Bientôt un embonpoint excessif défigure tous leurs traits; il leur survient des maladies qui les rendent aussi malheureux qu'ils ont toujours été inutiles à leur patrie: car il ne faut pas le dissimuler, la lutte, le pugilat, et tous ces combats livrés avec tant de fureur dans les solennités publiques, ne sont plus que des spectacles d'ostentation, depuis que la tactique s'est perfectionnée. L'Égypte ne les a jamais adoptés, parce qu'ils ne donnent qu'une force passagère.

En sortant de la Palestre nous apprîmes que Télaïre, femme de Pyrrhus, parent et ami d'Apollodore, venait d'être attaquée d'un accident qui menaçait sa vie. On avait vu à sa porte les branches de laurier et d'acanthe que, suivant l'usage, on suspend à la maison d'un malade. Nous y courûmes aussitôt. Les parents, empressés autour du lit, adressaient des prières à Mercure, conducteur des âmes ; et le malheureux Pyrrhus recevait les derniers adieux de sa tendre épouse. On parvint à l'arracher de ces lieux. Nous voulûmes lui rappeler les leçons qu'il avait reçues à l'Académie ; leçons si belles quand on est heureux, si importunes quand on est dans le malheur. O philosophie ! s'écria-t-il, hier tu m'ordonnais d'aimer ma femme, aujourd'hui tu me défends de la pleurer ? » Mais enfin, lui disait-on, vos larmes ne la rendront pas à la vie. « Et c'est ce qui les redouble encore, » répondit-il.

Quand elle eut rendu les derniers soupirs, toute la maison retentit de cris et de sanglots. Le corps fut lavé, parfumé d'essence et revêtu d'une robe précieuse. On mit sur sa tête, couverte d'un voile, une couronne de fleurs : dans ses mains un gâteau de farine et de miel pour apaiser Cerbère ; et dans sa bouche une pièce d'argent d'une ou deux oboles qu'il faut payer à Caron ; en cet état elle fut exposée pendant tout un jour dans le vestibule, entourée de cierges allumés. A la porte était un vase de cette eau lustrale destinée à purifier ceux qui ont touché un cadavre. Cette exposition est nécessaire pour s'assurer que la personne est véritablement morte, et qu'elle l'est de mort naturelle. Elle dure quelquefois jusqu'au troisième jour.

Le convoi fut indiqué. Il fallait s'y rendre avant le lever du soleil. Les lois défendent de choisir une autre heure ; elles n'ont pas voulu qu'une cérémonie si triste dégénérât en un spectacle d'ostentation. Les parents et les amis furent invités. Nous trouvâmes auprès du corps, des femmes qui poussaient de longs gémissements ; quelques-unes coupaient des boucles de leurs cheveux et les déposaient à côté de Télaïre, comme un gage de leur tendresse et de leur douleur. On la plaça sur un chariot, dans un cercueil de cyprès. Les hommes marchaient avant, les femmes après ; quelques-uns la tête rasée, tous baissant les yeux, vêtus de noir, précédés d'un chœur de musiciens qui faisaient entendre des chants lugubres. Nous nous rendîmes à une maison qu'avait Pyrrhus. C'était là qu'étaient les tombeaux de ses pères.

Pendant la cérémonie on fit des libations de vin ; on jeta dans le feu quelques-unes des robes de Télaïre, on l'appelait à haute voix, et cet adieu éternel redoublait les larmes, qui n'avaient cessé de couler de tous les yeux.

⬥

IX

Voyage à Corinthe. — Xénophon. — Timoléon.

En arrivant dans la Grèce nous avions appris que les Eléens s'étant emparés d'un petit endroit du Péloponèse, nommé Scillonte, où Xénophon faisait sa résidence, il était allé avec ses fils s'établir à Corinthe, Timagène était impatient de le voir. Nous partîmes d'Athènes, amenant avec nous Philotas, dont la famille avait des liaisons d'hospitalité avec celle de Thimodène, l'une des plus anciennes de Corinthe.

Thimodène nous conduisit lui-même chez Xénophon. Il était sorti : nous le trouvâmes dans un temple voisin, où il offrait un sacrifice.

La cérémonie était à peine achevée que Thimagène se jette à son cou, et ne pouvant s'en arracher, l'appelle, d'une voix entrecoupée, son général, son sauveur, son ami. Xénophon le regardait avec étonnement, et cherchait à démêler des traits qui ne lui étaient plus familiers. Il s'écrie à la fin : C'est Thimagène, sans doute ? Eh ! quel autre que lui pourrait conserver des sentiments si vifs, après une si longue absence ? De tendres embrassements suivirent de près cette reconnaissance, et pendant tout le temps que nous passâmes à Corinthe, des éclaircissements mutuels firent le sujet de leurs fréquents entretiens.

Timoléon jouissait de l'estime publique et de la sienne, lorsque l'excès de sa vertu lui aliéna presque tous les esprits, et le rendit le plus malheureux des hommes. Son frère Thimophanès, qui n'avait ni ses lumières ni ses principes, s'était fait une cour d'hommes corrompus, qui l'exhortaient sans cesse à s'emparer de l'autorité. Il crut enfin en avoir le droit. Un courage aveugle et présomptueux lui avait attiré la confiance des Corinthiens, dont il commanda plus d'une fois les armées, et qui l'avaient mis à la tête de quatre cents hommes qu'ils entretenaient pour la sûreté de la police. Thimophanès en fit ses satellites, s'attacha la populace par ses largesses ; et, secondé par un parti redoutable, il agit en maître, et fit traîner au supplice les citoyens qui lui étaient suspects.

Timoléon avait jusqu'alors veillé sur sa conduite et sur ses projets. Dans l'espoir de la ramener, il tâchait de jeter un voile sur ses fautes et de relever l'éclat de quelques actions honnêtes qui lui échappaient par hasard.

Indigné maintenant de voir la tyrannie s'établir de son vivant, et dans le sein même de sa famille, il peint vivement à Thimophanès l'horreur des attentats qu'il a commis, et qu'il médite encore ; le conjure d'abdiquer au plus tôt un pouvoir odieux, et de satisfaire aux mânes des victimes immolées à sa folle ambition. Quelques jours après il remonte chez lui, accompagné de deux de leurs amis, dont l'un était le beau-frère de Thimophanès ; ils réitèrent de concert les mêmes prières ; ils pressent au nom du sang, de l'amitié, de la patrie. Thimophanès leur répond d'abord par une dérision amère, ensuite par des menaces et des fureurs. On était convenu qu'un refus positif de sa part serait le signal de sa perte. Ses deux amis, fatigués de sa résistance, lui plongèrent un poignard dans le sein, pendant que Timoléon, la tête couverte d'un pan de son manteau, fondait en larmes dans un coin de l'appartement où il s'était retiré.

Parmi les Corinthiens, les uns regardèrent le meurtre de Thimophanès comme un acte héroïque, les autres comme un forfait. Les premiers ne se lassaient pas d'admirer ce courage extraordinaire qui sacrifiait au bien public la nature et l'amitié. Le plus grand nombre, en approuvant la mort du tyran, ajoutaient que tous les citoyens étaient en droit de lui arracher la vie, excepté son frère. Il survint une émeute qui fut bientôt apaisée. On intenta contre Timoléon une accusation qui n'eut pas de suite.

Nous le verrons un jour reparaître avec plus d'éclat, et faire le bonheur d'un grand empire qui lui devra sa liberté.

Les troubles occasionés par le meurtre de son frère accélérèrent notre départ. Nous quittâmes Xénopnon avec beaucoup de regret. Ses deux fils vinrent avec nous. Ils devaient servir dans le corps de troupes que les Athéniens envoyaient aux Lacédémoniens.

X

Levées, revue, exercice des troupes chez les Athéniens.

Deux jours après notre retour à Athènes nous nous rendîmes dans une place où se faisait la levée des troupes qu'on se proposait d'envoyer au Péloponèse. Elles devaient se joindre à celles des Lacédémoniens et de quelques autres peuples, pour s'opposer conjointement avec elles, aux projets des Thébains et de leurs alliés. Hégélochus, stratège ou général, était assis sur un siége élevé. Auprès de lui, un taxiarque, officier général, tenait le registre où sont inscrits les noms des citoyens, qui, étant en âge de porter les armes, doivent se présenter à ce tribunal. Il les appelait à haute voix et prenait une note de ceux que le général avait choisis.

La république était convenue de fournir à l'armée des alliés six mille hommes, tant de cavalerie que d'infanterie. Le lendemain de leur enrôlement, ils se répandirent en tumulte dans les rues et dans les places publiques, revêtus de leurs armes. Leurs noms furent appliqués sur les statues des dix héros qui ont donné les leurs aux tribus d'Athènes, de manière qu'on lisait sur chaque statue les noms des soldats de chaque tribu.

Quelques jours après on fit la revue des troupes. Je m'y rendis avec Timagène, Apollodore et Philotas. Nous y trouvâmes Iphicrate, Timothée, Phocion, Chabrias, tous les anciens généraux et tous ceux de l'armée courante.

Autrefois le commandement roulaient entre les dix strages. Chaque jour l'armée changeait de général, et, en cas de partage dans le conseil, le polémarque, un des principaux magistrats de la république, avait le droit de donner son suffrage. Aujourd'hui toute l'autorité est pour l'ordinaire entre les mains d'un seul, qui est obligé à son tour de rendre compte de ses opérations, à moins qu'on ne l'ait revêtu d'un pouvoir illimité. Les autres généraux restent à Athènes, et n'ont presque d'autres fonctions que de représenter dans les cérémonies publiques.

Dans ce moment quelques jeunes gens qui passaient comme des éclairs auprès de nous, pensèrent renverser de graves personnages qui marchaient à pas comptés. Les premiers, me dit Apollodore, sont des coureurs, les seconds des devins : deux espèces d'hommes souvent employés dans les armées ; les uns pour porter au loin les ordres du général, les autres pour examiner dans les entrailles des victimes, s'ils sont conformes à la volonté des dieux.

Comme nous errions autour de la phalange, je m'aperçus que chaque officier général avait auprès de lui un subalterne qui ne le quittait point. C'est son écuyer, me dit Apollodore. Il est obligé de le suivre dans le fort de la mêlée, et en certaines occasions de garder son bouclier. Chaque oplite, ou pesamment armé, a de même un valet qui, entre autres fonctions, remplit quelquefois celles de l'écuyer ; mais avant le combat on a le soin de le renvoyer au bagage. Le déshonneur, parmi nous, est attaché à la perte du bouclier, et non à celle de l'épée et des autres armes offensives.

Nous passâmes ensuite au Lycée, où se faisait la revue de la cavalerie. Elle est commandée de droit par deux généraux nommés hipparques, et par deux chefs particuliers appelés phylarques, les uns et les autres tirés au sort tous les ans dans l'assemblée de la nation.

Ce n'est guère que depuis un siècle, me disait Apollodore, qu'on voit de la cavalerie dans nos armées. Celle de la Thessalie est nombreuse, parce que le pays abonde en pâturages. Les autres cantons de la Grèce sont si secs, si stériles, qu'il est très-difficile d'y élever des chevaux : aussi n'y a-t il que les gens riches qui entrent dans la cavalerie : de là vient la considération qui est attachée à ce service.

Pendant le cours de cet examen, les cavaliers d'une tribu vinrent, avec de grands cris, dénoncer au sénat un de leurs compagnons, qui, quelques années auparavant, avait, au milieu d'un combat, passé de l'infanterie à la cavalerie sans l'approbation de ses chefs. La faute était publique, la loi formelle. Il fut condamné à cette espèce d'infamie qui prive un citoyen de la plupart de ses droits.

La trahison est punie de mort. La désertion l'est de même, parce que déserter, c'est trahir l'état. Le général a le pouvoir de reléguer dans un grade inférieur, et même d'assujettir aux plus viles fonctions l'officier qui désobéit ou se déshonore.

Des lois si rigoureuses, dis-je alors, doivent entretenir l'honneur et la subordination dans vos armées. Apollodore me répondit : Un état qui ne protége plus ses lois n'en est plus protégé.

Après qu'Apollodore m'eut entretenu du luxe révoltant que les officiers et même les généraux commençaient à introduire dans les armées, je voulus m'instruire de la solde des fantassins et des cavaliers. Elle a varié suivant les temps et les lieux, répondit Apollodore. J'ai ouï dire à des vieillards qui avaient servi au siége de Potidée, il y a soixante-huit ans, qu'on y donnait aux oplites, pour maître et valet, deux drachmes par jour ; mais c'était une paie extraordinaire qui épuisait le trésor public. Environ vingt ans après, on fut obligé de renvoyer un corps de troupes légères qu'on avait fait venir de Thrace parce qu'elles exigeaient la moitié de cette solde.

Apollodore ne se lassait point de satisfaire à mes questions. Avant que de partir, me disait-il, on ordonne aux soldats de prendre des vivres pour quelques jours. C'est ensuite aux généraux à pourvoir le marché des provisions nécessaires.

Les jours suivants furent destinés à exercer les troupes. Je me dispense de parler de toute les manœuvres dont je fus témoins : je n'en donnerais qu'une description imparfaite et inutile à ceux pour qui j'écris.

On avait placé les meilleurs soldats dans les premiers rags et dans les derniers. Les chefs de files surtout, ainsi que les serre-files, étaient tous gens distingués par leur bravoure et par leur expérience. Un des officiers ordonnait les mouvements. Prenez les armes ! s'écria-t-il ; valets, sortez de la phalange ! haut la pique ! bas la pique ! serre-files, dresser les files, prenez vos distances ! à droite, à gauche ! La pique en dedans du bouclier ! marche ! halte, doublez vos files ! remettez-vous ! lacédémonienne évolution ! remettez-vous ! etc.

L'armée se disposait à partir. Plusieurs familles étaient consternées. Les sentiments de la nature et de l'amour se réveillaient avec plus de force dans le cœur des mères et des épouses. Pendant qu'elles se livraient à leurs craintes, des ambassadeurs, récemment arrivés de Lacédémone, nous entretenaient du courage que les femmes spartiates avaient fait paraître en cette occasion. Un jeune soldat disait à sa mère en lui montrant son épée : « Elle est bien courte ! — Eh bien ! lui répondit-elle, vous ferez un pas de plus. » une autre Lacédémonienne, en donnant le bouclier à son fils, lui dit : « Revenez avec cela ou sur cela. »

Les troupes assistèrent aux fêtes de Bacchus, dont le dernier jour amenait une cérémonie que les circonstances rendirent très-intéressante. Elle eut le sénat, l'armée, un nombre infini de citoyens de tous états, d'étrangers de tous pays. Après la dernière tragédie, nous vimes paraître sur le théâtre un héraut suivi de plusieurs jeunes orphelins couverts d'armes étincelantes. Il s'avança pour les présenter à cette auguste assemblée, et, d'une voix ferme et sonore, il prononça lentement ces mots : « Voici ces jeunes gens dont les pères sont morts à la guerre, après avoir combattu avec courage. Le peuple, qui les avait adoptés, les avait fait élever jusqu'à l'âge de vingt ans. Il leur donne aujourd'hui une armure complète et les renvoie chez eux ; il leur assigne les premières places dans nos spectacles. » Tous les cœurs furent émus. Les troupes versèrent des larmes d'attendrissement, et partirent le lendemain.

XI

Séance au théâtre.

Je viens de voir une tragédie ; et, dans le désordre de mes idées je jette rapidement sur le papier les impressions que j'en ai reçues.

Le théâtre s'est ouvert à la pointe du jour.

Comme j'étais étonné du nombre des spectateurs : Il peut se montrer à trente mille, me dit Philotas, qui m'avait accompagné. La solennité de ces fêtes en attire de toutes les parties de la Grèce, et répand un esprit de vertige parmi les habitants de cette ville. Pendant plusieurs jours vous les verrez abandonner leurs affaires, se refuser au sommeil, passer ici une partie de la journée sans pouvoir se rassasier des divers spectacles qu'on y donne. Vous aurez le plaisir d'entendre deux excellents acteurs, Théodore et Aristodème.

Philotas achevait à peine, qu'un héraut, après avoir imposé silence, s'est écrié : Qu'on fasse avancer le cœur de Sophocle ! C'était l'annonce de la pièce. Le théâtre représentait le vestibule du palais de Créon, roi de Thèbes. Antigone, Ismène, filles d'Œdipe, ont ouvert la scène, couvertes d'un masque. Leur déclamation m'a paru naturelle, mais leur voix m'a surpris. Un moment après un chœur de quinze vieillards thébains est entré, marchant à pas mesurés sur trois de front et cinq de hauteur. Il a célébré dans des chants mélodieux la victoire que les Thébains venaient de remporter sur Polynice, frère d'Antigone.

Entraîné par les prestiges qui m'entouraient, je me suis trouvé au milieu de Thèbes. J'ai vu Antigone rendre les devoirs funèbres à Polynice, malgré la sévère défense de Créon. J'ai vu le tyran, sourd aux prières du vertueux Hémon son fils, qu'elle était au point d'épouser, le faire traîner avec violence dans une grotte obscur, qui paraissait au font du théâtre, et qui devait lui servir de tombeau. Bientôt, effrayé des menaces du ciel, il s'est avancé vers la caverne, d'où sortaient des hurlements effroyables. C'étaient ceux de son fils. Il serrait entre ses bras la malheureuse Antigone, dont le nœud fatal avait terminé les jours. La présence de Créon irrite sa fureur : il tire l'épée contre son père ; il s'en perce lui-même, et va tomber aux pieds de son amante, qu'il tient embrassée jusqu'à ce qu'il expire.

Trente mille spectateurs fondant en larmes redoublaient mes émotions et mon ivresse.

Ce n'est qu'après la représentation de toutes les pièces qu'on doit adjuger le prix. Celle de Sophocle a été suivie de quelques autres que je n'ai pas eu la force d'écouter. Je n'avais plus de larmes à répandre ni d'attention à donner.

J'ai copié dans ce chapitre les propres paroles de mon journal. Je décrirai ailleurs tout ce qui concerne l'art dramatique, et les autres spectacles qui relèvent l'éclat de fêtes dionysiaques.

XII

Description d'Athènes.

Il n'y a point de ville de la Grèce qui représente un si grand nombre de monuments que celle d'Athènes. De toutes parts s'élèvent des édifices respectables par leur ancienneté ou par leur élégance. Les chefs d'œuvre de la sculpture sont prodigués jusque dans les places publiques : ils embellissent, de concert avec ceux de la peinture, les portiques et les temples. Ici tout s'anime, tout parle aux yeux du spectateur attentif

L'histoire des monuments de ce peuples serait l'histoire de ses exploits, de sa reconnaissance et de son culte.

J'imiterai ces interprètes qui montrent les singularités d'Olympie et de Delphes : je conduirai mon lecteur dans les quartiers d'Athènes ; nous nous placerons aux dernières années de mon séjour dans la Grèce ; et nous commencerons par aborder au Pirée.

Ce port, qui en contient trois autres plus petits, et à l'ouest de ceux de Munychi et de phalere, presque abandonnés aujourd'hui. On y rassemble quelquefois jusqu'à cents galères ; il pouraait en contenir quatre cents.

Avant de mettre pied à terre, jetez les yeux sur le promontoire voisin. Une pierre carrée sans ornements, et posée sur une simple base, est le tombeau de Thémistocle. Son corps fut apporté du lieu de son exil.

Entrons sous l'un de ces portiques qui entourent le port. Voilà des négociants qui, prêts à faire voile pour le Pont-Euxin ou pour la Sicile, empruntent à gros intérêts les sommes dont ils ont besoin, et rédigent l'acte qui comprend les conditions du marché. Allons à la place d'Hippodamus, ainsi nommée d'un architecte de Milet qui l'a construite. Ici les productions de tous les pays sont accumulées : ce n'est point le marché d'Athènes, c'est celui de toute la Grèce.

Le Pirée est décoré d'un théâtre, de plusieurs temples, et de quantité de statues. Comme il devait assurer la subsistance d'Athènes, Thémistocle le mit à l'abri d'un coup de main en faisant construire cette belle muraille qui embrasse et le long du Pirée, et le port de Munychie.

Prenons le chemin d'Athènes, et suivons cette longue muraille qui du Pirée s'étend jusqu'à la porte de la ville dans une longueur de quarante stades. Ce fut encore Thémistocle qui forma le dessein de l'élever ; et son projet ne tarda pas à s'exécuter sous l'administration de Cimon et de Périclès.

Nous voilà dans la ville, et auprès d'un édifice qui se nomme Pompeion. C'est de là que partent ces *Pompes* ou processions de jeunes garçons et de jeunes filles qui vont par intervalles figurer dans les fêtes que célèbrent les autres nations. Dans un temple voisin, consacré à Cérès, on admire la statue de la déesse, celle de Proserpine, et celle du jeune Iacchus, toutes trois de la main de Praxitèle.

Arrêtons-nous un moment au portique royal, qui, sous plusieurs rapports, mérite notre attention. Le second des archontes, nommé '

te-roi, y tient son tribunal. Celui de l'aréopage s'y assemble quelquefois. Les statues dont le toit est couronné, sont en terre cuite, et représentent Thésée qui précipite Sciron dans la mer, et l'Aurore qui enlève Céphale. La figure de bronze que vous voyez à la porte est celle de
Pindare couronné d'un diadème, ayant un livre sur ses genoux et une
lyre dans sa main. Thèbes, sa patrie, offensée de l'éloge qu'il avait fait
des Athéniens, eut la lâcheté de le condamner à une amende, et Athènes lui décerna ce monument, moins peut-être par estime pour ce grand
poëte, que par haine contre les Thébains. Non loin de Pindare sont les
statues de Conon, de son fils Timothée et d'Evagoras, roi de Chypre.

Suivez-moi, et, à l'ombre des platanes qui embellissent ces lieux, parcourons un des côtés de la place. Cette grande enceinte renferme un temple en l'honneur de la mère des dieux, et le palais où s'assemble le
sénat.

Je vais maintenant vous conduire au temple de Thésée, qui fut construit par Cimon, quelques années après la bataille de Salamine. Plus petit
que celui de Minerve, dont je vous parlerai bientôt, et auquel il paraît
avoir servi de modèle, il est, comme ce dernier, d'ordre dorique et d'une
forme très-élégante. Des peintres habiles l'ont enrichi de leurs ouvrages
immortels.

Après avoir passé devant le temple de Castor et de Pollux, devant
la chapelle d'Agraule, fille Cécrops, devant le Prytanée, où la république
entretient, à ses dépens, quelques citoyens qui lui ont rendu des services signalés, nous voilà dans la rue des Trépieds, qu'il faudrait plutôt
nommer la rue des Triomphes. C'est ici, en effet, que tous les ans on
dépose, pour ainsi dire, la gloire des vainqueurs aux combats qui embellissent nos fêtes.

La rue des Trépieds conduit au théâtre de Bacchus. Il convenait que
les trophées fussent élevés auprès du champ de bataille ; car c'est au
théâtre que les chœurs des tribus se disputent communément la victoires.

Le temple que nous avons à gauche est consacré à la victoire. Entrons dans le bâtiment qui est à notre droite pour admirer les peintures qui en décorent les murs, et dont la plupart sont de la main de Polygnote. Revenons au corps du milieu. Considérez les six belles colonnes
qui soutiennent le fronton. Parcourez le vestibule, divisé en trois pièces
par deux rangs de colonnes ioniques, terminé à l'opposite par cinq por-

Anacharsis.

tes, au travers desquelles nous distinguons les colonnes du péristile qui regarde l'intérieur de la citadélle. Observez en passant ces grandes pièces de marbre qui composent le plafond et soutiennent la couverture.

Approchons de ces deux autels. Respectez le premier ; c'est celui de la Pudeur ; embrassez tendrement le second, c'est celui de l'Amitié. Lisez sur cette colonne de bronze un décret qui proscrit, avec des notes infamantes, un citoyen et sa postérité, parce qu'il avait reçu l'or des Perses pous corrompre les Grecs.

Vos yeux se tournent depuis longtemps vers ce fameux temple de Minerve, un des plus beaux ornements d'Athènes. Il est connu sous le nom de Parthénon.

Je vous ai fait courir à perte d'haleine dans l'intérieur de la ville ; vous allez d'un coup d'œil en embrasser les dehors. Au levant est le mont Hymette, que les abeilles enrichissent de leur miel, que le thym remplit de ses parfums. L'Ilissus, qui coule à ses pieds, serpente autour de nos murailles. Au-dessus vous voyez les gymnases du Cynosarge et du Lycée. Au nord-ouest vous découvrez l'Académie ; et un peu plus loin une colline nommée Colone, où Sophocle a établi la scène de l'OEdipe qui porte le même nom. Le Céphise, après avoir enrichi cette contrée du tribut de ses eaux, vient les mêler avec celles de l'Ilissus. Ces derniers tarissent quelquefois dans les grandes chaleurs. La vue est embellie par les jolies maisons de campagne qui s'offrent à nous de tous côtés.

Je finis en vous rappelant ce que dit Lysippe dans une de ses comédies : « Qui ne désire pas de voir Athènes est stupide ; qui la voit sans s'y plaire est plus stupide encore ; mais le comble de la stupidité est de la voir, de s'y plaire et de la quitter. »

XIII

Bataille de Mantinée. — Mort d'Epaminondass.

La Grèce touchait au moment d'une révolution. Épaminondas était à la tête d'une armée, sa victoire ou sa défaite allait enfin décider si c'était aux Thébains ou aux Lacédémoniens de donner des lois aux autres peuples. Il entrevit l'instant de hâter cette décision.

Il part un soir du Tégée en Arcadie pour surprendre Lacédémone. cette ville est tout ouverte, et n'avait alors pour défenseurs que des enfants et des vieillards. Une partie des troupes se trouvait en Arcadie ; l'autre s'y rendait sous la conduite d'Agésilas. Les Thébains arrivent à la pointe du jour, et voient bientôt Agésilas prêt à les recevoir. Instruit par un transfuge de la marche d'Épaminondas, il était revenu sur ses pas avec une extrême diligence ; et déjà ses soldats occupaient les postes les plus importants. Le général Thébain, surpris sans être découragé, ordonne plusieurs attaques. Il avait pénétré jusqu'à la place publique, et s'était rendu maître d'une partie de la ville. Agésilas n'écoute plus alors que son désespoir : quoique âgé de près de quatre-vingts ans, il se précipite au milieu des dangers ; et, secondé par le brave Archidamus son fils, il repousse l'ennemi et le force de se retirer.

Isadas donna dans cette occasion un exemple qui excita l'admiration et la sévérité des magistrats. Ce Spartiate, à peine sortie de l'enfance, aussi beau que l'Amour, aussi vaillant qu'Achille, n'ayant pour armes que la pique et l'épée, s'élance à travers les bataillons des Lacédémoniens, fond avec impétuosité sur les Thébains, et renverse à ses pieds tout ce qui s'oppose à sa fureur. Les éphores lui décernèrent une couronne pour honorer ses exploits ; et le condamnèrent à une amende, parce qu'il avait combattu sans cuirasse et sans bouclier.

Jamais Épaminondas n'avait déployé plus de talents que dans cette circonstance. Il suivit dans son ordre de bataille les principes qui lui avaient procuré la victoire de Leuctres. Une de ses ailes formée

3.

en colonne, tomba sur la phalange lacédémonienne, qu'elle n'aurait peut-être jamais enfoncée s'il n'était venu lui-même fortifier ses troupes par son exemple et par un corps d'élite dont il était suivi. Les ennemis, effrayés à son approche, s'ébranlent et prennent la fuite. Il les poursuit avec un courage dont il n'est plus le maître, et se trouve enveloppé par un corps de Spartiates qui font tomber sur lui une grêle de traits. Après avoir longtemps écarté la mort et fait mordre la poussière à une foule de guerriers, il tomba percé d'un javelot dont le fer lui resta dans la poitrine. L'honneur de l'enlever engagea une action aussi vive, aussi sanglante que la première. Ses compagnons, ayant redoublé leurs efforts, eurent la triste consolation de l'emporter dans sa tente.

La blessure d'Épaminondas arrêta le carnage et suspendit la fureur des soldats. Les troupes des deux partis, également étonnées, restèrent dans l'inaction. De part et d'autre on sonna la retraite, et l'on dressa un trophée sur le champ de bataille.

Épaminondas respirait encore. Ses amis, ses officiers, fondaient en larmes autour de son lit. Le camp retentissait des cris de la douleur et du désespoir. Les médecins avaient déclaré qu'il expirerait dès qu'on ôterait le fer de la plaie. Il craignait que son bouclier ne fût tombé entre les mains de l'ennemi; on le lui montra, et il le baisa comme l'instrument de sa gloire. Il parut inquiet sur le sort de la bataille; on lui dit que les Thébains l'avaient gagnée. « Voilà qui est bien, répondit-il : j'ai vécu. » Il demanda ensuite Dalphantus et Iollidas, deux généraux qu'il jugeait dignes de le remplacer; on lui dit qu'ils étaient morts. Persuadez donc aux Thébains, reprit-il, de faire la paix. » Alors il ordonna d'arracher le fer; et l'un de ses amis s'étant écrié dans l'égarement de sa douleur : « Vous mourez, Épaminondas ! si du moins vous laissiez des enfants ! — Je laisse, répondit-il en expirant, deux filles immortelles, la victoire de Leuctres et celle de Mantinée. »

Sa mort avait été précédée par celle de Timagène, de cet ami si tendre qui m'avait amené dans la Grèce. Huit jours avant la bataille il disparut tout à coup. Une lettre laissée sur la table d'Épicharis sa nièce nous apprit qu'il allait joindre Épaminondas, avec qui il avait pris des engagements pendant son séjour à Thèbes. Il devait bientôt se réunir à nous pour ne plus nous quitter. Si les dieux, ajoutait-il, en ordonnent autrement, souvenez-vous de tout ce qu'Anacharsis a fait pour moi, de tout ce que vous m'avez promis de faire pour lui.

Mon cœur se déchirait à la lecture de cette lettre. Je voulus partir
à l'instant ; je l'aurais dû : mais Timagène, n'avait pris que de trop
justes mesures pour m'empêcher. Apollodore, qui, à sa prière, venait
d'obtenir pour moi le droit de citoyen d'Athènes, me représenta que
je ne pouvais porter les armes contre ma nouvelle patrie sans le com-
promettre lui et sa famille. Cette considération me retint, et je ne
suivis pas mon ami ; et je ne fus pas témoin de ses exploits, et je ne
mourus pas avec lui.

Son image est toujours présente à mes yeux. Il y a trente ans, il
n'y a qu'un moment que je l'ai perdu. J'ai deux fois entrepris de tracer son éloge ; deux fois mes larmes l'ont effacé. Si j'avais eu la force
de le finir, j'aurais eu celle de le supprimer. Les vertus d'un homme
obscur n'intéressent que ses amis, et n'ont pas même le droit de servir
d'exemple aux autres hommes.

La bataille de Mantinée augmenta dans la suite les troubles de la
Grèce, mais dans le premier moment elle termina la guerre. Les Athéniens eurent soin avant leur départ de retirer les corps de ceux qu'ils
avaient perdus. On les fit consumer sur le bûcher : les ossements furent transportés à Athènes ; et l'on fixa le jour où se ferait la cérémonie des funérailles, à laquelle préside un des principaux magistrats.

Trois jours après, les cercueils, placés sur autant de chars qu'il y
a de tribus, traversèrent lentement la ville, et parvinrent au Cérami-
que extérieur, où l'on donna des jeux funèbres : on déposa les morts
dans le sein de la terre ; après que leurs parents et leurs amis les eurent,
pour la dernière fois, arrosés de leurs larmes, un orateur choisi par la
république s'étant levé, prononça l'oraison funèbre de ces braves guerriers. Chaque tribu distingua les tombeaux de ses soldats par des pierres sépulcrales, sur lesquelles on avait eu soin d'inscrire leurs noms
et ceux de leurs pères, le lieu de leur naissance et celui de leur
mort.

XIV

Du gouvernement actuel d'Athènes.

Les villes et les bourgs de l'Attique sont divisés en soixante quatorze départements ou districts, qui, par leurs différentes réunions, forment dix tribus. Tous les citoyens, ceux-mêmes qui résident à Athènes, appartiennent à l'un de ces districts, sont obligés de faire inscrire leurs noms dans ses registres, et se trouvent par là naturellement classés dans une des tribus.

Tous les ans, vers les derniers jours de l'année, les tribus s'assemblent séparément pour former un sénat composé de cinq cents députés, qui doivent être âgés au moins de trente ans. Chacune d'entre elles en présente cinquante; et leur en donne pour adjoints cinquante autres, destinés à remplir les places que la mort ou l'irrégularité de conduite peut laisser vacantes. Les uns et les autres sont tirés au sort.

Les nouveaux sénateurs doivent subir un examen rigoureux; car il faut des mœurs irréprochables à des hommes destinés à gouverner les autres. Ils font ensuite un serment par lequel ils promettent, entre autres choses, de ne donner que de bons conseils à la république, de juger suivant les lois, de ne pas mettre aux fers un citoyen qui fournit des cautions, à moins qu'il ne fût accusé d'avoir conspiré contre l'état, ou retenu les deniers publics.

Le sénat, formé par les représentants des dix tribus, est naturellement divisé en dix classes, dont chacune à son tour a la prééminence sur les autres. Cette prééminence se décide par le sort, et le temps en est borné à l'espace de trente-six jours pour les quatre premières classes, de trente-cinq pour les autres.

Celle qui est à la tête des autres s'appelle la classe des prytanes. Elle est entretenue aux dépens du public dans un lieu nommé le Prytanée.—Mais comme elle est encore trop nombreuse pour exercer en

commun les fonctions dont elle est chargée, on la subdivise en cinq
décuries, composées chacune de dix proèdres ou présidents. Les sept
premiers d'entre eux occupent pendant sept jours la première place,
chacun à son tour : les autres en sont formellement exclus.

Celui qui la remplit doit être regardé comme le chef du sénat. Ses
fonctions sont si importantes qu'on a cru devoir les lui confier que
pour un jour. Il propose communément les sujets des délibérations, il
appelle les sénateurs au scrutin, et garde pendant le court intervalle de
son exercice le sceau de la république, les clefs de la citadelle, et celle
du trésor de Minerve.

Ces arrangements divers, toujours dirigés par le sort, ont pour objet
de maintenir la plus parfaite égalité parmi les citoyens, et la plus
grande sûreté dans l'état. Il n'y a point d'Athénien qui ne puisse devenir
membre et chef du premier corps de la nation ; il n'y en a point qui
puisse, à force de mérite ou d'intrigues, abuser d'une autorité qu'on
ne lui confie que quelques instants.

Les neuf autres classes, ou chambres du sénat, ont de même à leur
tête un président qui change à toutes les assemblées de cette compagnie, et qui est à chaque fois tiré au sort par les chefs des prytanes. En
certaines occasions, ces neuf présidents portent les décrets du sénat à
l'assemblée de la nation, et c'est le premier d'entre eux qui appelle le
peuple aux suffrages ; en d'autres, ce soin regarde le chef des prytanes, ou l'un de ses assistants.

Ce sénat se renouvelle tous les ans. Il doit exclure, pendant le temps
de son exercice, ceux de ses membre dont la conduite est répréhensi-
ble, et rendre ses comptes avant que de se séparer. Si l'on est content
de ses services, il obtient une couronne que lui décerne le peuple. Il est
privé de cette récompense quand il a négligé de faire construire des
galères. Ceux qui le composent reçoivent pour droit de présence une
drachme par jour. Il s'assemble tous les jours, excepté les jours de fêtes et les jours regardés comme funestes. C'est aux prytanes qu'il appartient de le convoquer et de préparer d'avance les sujets des délibérations. Comme il représente les tribus, il est représenté par les prytanes, qui, toujours réunis en un même endroit, sont à portée de veiller
sans cesse sur les dangers qui menacent la république, et d'en instruire
le sénat.

Pendant les trente-cinq ou trente-six jours que la classe des prytanes est en exercice, le peuple s'assemble quatre fois ; et ces quatre assemblées, qui tombent le 11, le 20, le 30 et le 33, de la prytanie, se nomment assemblées ordinaires.

Dans la première, on confirme ou on destitue les magistrats qui viennent d'entrer en place ; on s'occupe des garnisons et des places qui font la sûreté de l'État, ainsi que de certaines dénonciations publiques, et l'on finit par publier les confiscations de biens ordonnées par les tribunaux. Dans la deuxième, tout citoyen qui a déposé sur l'autel un rameau d'olivier, entouré de bandelettes sacrées, peut s'expliquer avec liberté sur les objets relatifs à l'administration et au gouvernement. La troisième est destinée à recevoir les hérauts et les ambassadeurs, qui ont auparavant rendu compte de leur mission ou présenté leurs lettres de créance au sénat. La quatrième enfin roule sur les matières de religion, telles que les fêtes, les sacrifices, etc.

Comme l'objet de ces assemblées est connu et n'offre souvent rien de bien intéressant, il fallait, il n'y a pas longtemps, y traîner le peuple avec violence, ou le forcer par des amendes à s'y trouver. Mais il est plus assidu depuis qu'on a pris le parti d'accorder un droit de présence de trois oboles ; et comme on ne décerne aucune peine contre ceux qui se dispensent d'y venir, il arrive que les pauvres y sont en plus grand nombre que les riches ; ce qui entre mieux dans l'esprit des démocraties actuelles.

Outre ces assemblées, il s'en tient d'extraordinaires lorsque l'État est menacé d'un prochain danger. Ce sont quelquefois les prytanes, et plus souvent encore les chefs de troupes, qui les convoquent au nom et avec la permission du sénat. Lorsque les circonstances le permettent, on y appelle tous les habitants de l'Attique.

Les femmes ne peuvent assister à l'Assemblée. Les hommes au-dessous de vingt ans n'en ont pas encore le droit. On cesse d'en jouir quand on a une tache d'infamie ; et un étranger qui l'usurperait serait puni de mort, parce qu'il serait censé usurper la puissance souveraine, ou pouvoir trahir le secret de l'État.

L'assemblée commence de très-grand matin. Elle se tient au théâtre de Bacchus, ou dans le marché public, ou dans une grande enceinte voisine de la citadelle et nommée le Pnyx. Il faut six mille suffrages pour donner force de loi à plusieurs de ses décrets. Cependant on n'est pas toujours en état de les avoir ; et tant qu'a duré la guerre du Péloponèse, on n'a jamais pu réunir plus de cinq mille citoyens dans l'assemblée générale.

Elle est présidée par les chefs du sénat, qui dans les occasions importantes y assistent en corps. Les principaux officiers militaires y ont une place distinguée. La garde de la ville, composée de Scythes, es commandée pour y maintenir l'ordre.

XV

Des magistrats d'Athènes.

Le peuple s'assemble dans les quatre derniers jours de l'année, pour nommer aux magistratures ; et quoique par la loi d'Aristide il puisse les conférer au moindre des Athéniens, on le voit presque toujours n'accorder qu'aux citoyens les plus distingués celles qui peuvent influer sur le salut de l'Etat. Il déclare ses volontés par la voie des suffrages ou par la voie du sort.

Les places qu'il confère ainsi sont en très-grand nombre.

La première et la plus importante des magistratures est celle des archontes : ce sont neuf des principaux citoyens, chargés non-seulement d'exercer la police, mais encore de recevoir en première instance les dénonciations publiques et les plaintes des citoyens opprimés.

Les trois premiers archontes ont chacun en particulier un tribunal où ils siégent accompagnés de deux assesseurs qu'ils ont choisis eux-mêmes. Les six derniers, nommés thesmothètes, ne forment qu'une seule et même juridiction. A ces divers tribunaux sont commises diverses causes.

Les archontes ont le droit de tirer au sort les juges des cours supérieures. Ils ont des fonctions et des prérogatives qui leur sont communes ; ils en ont d'autres qui ne regardent qu'un archonte en particulier.

Après l'élection des archontes se fait celle des stratèges ou généraux d'armée, les hipparques ou généraux de la cavalerie, des officiers préposés à la perception et à la garde des deniers publics, de ceux qui veillent à l'approvisionnement de la ville, de ceux qui doivent entretenir les chemins, et de quantité d'autres qui ont des fonctions moins importantes.

Un des plus utiles établissements en ce genre est une chambre des comptes, que l'on renouvelle tous les ans dans l'assemblée générale du peuple, et qui est composée de dix officiers.

Dès qu'ils sont sortis de place, il est permis à tous les citoyens de les poursuivre. Si l'accusation roule sur le péculat, la chambre des comptes en prend connaissance ; si elle a pour objet d'autres crimes, la cause est renvoyée aux tribunaux ordinaires.

XVI

Des tribunaux de justice à Athènes.

Un Athénien qui a plus de trente ans, qui a mené une vie sans reproche, qui ne doit rien au trésor public, a les qualités requises pour exercer les fonctions de la justice. Le sort décide tous les ans du tribunal où il doit se placer.

C'est par cette voie que les tribunaux sont remplis. On en compte dix principaux : quatre pour les meurtres, six pour les autres affaires, tant criminelles que civiles.

Ces dix cours souveraines, composées la plupart de cinq cents juges, et quelques-unes d'un plus grand nombre encore, n'ont aucune acti-

vité par elles-mêmes, et sont mises en mouvement par les neuf archontes.

Leurs assemblées ne pouvant concourir avec celles du peuple, puisque les unes et les autres sont composées des mêmes personnes, c'est
aux archontes à fixer le temps des premières ; c'est à eux aussi de tirer au sort les juges qui doivent remplir ces différents tribunaux.

Le plus célèbre de tous est celui des héliastes, où se portent toutes
les grandes causes qui intéressent l'État ou les particuliers. Nous avons
dit plus haut qu'il est composé pour l'ordinaire de cinq cents juges, et
qu'en certaines occasions les magistrats ordonnent à d'autres tribunaux
de se réunir à celui des héliastes, de manière que le nombre des juges
va quelquefois jusqu'à six mille.

Tous les ans, quarante officiers subalternes parcourent les bourgs de
l'Attique, y tiennent leurs assises, statuent sur certains actes de violence, terminent les procès où il ne s'agit que d'une très-légère somme
de dix drachmes tout au plus, et renvoient aux arbitres les causes les
plus considérables.

Les arbitres sont tous gens bien famés, et âgés d'environ soixante
ans ; à la fin de chaque année on les tire au sort, de chaque tribu, au
nombre de quarante-quatre.

XVII

De l'Aréopage.

Le sénat de l'aréopage est le plus ancien et néanmoins le plus inté-
gre d'Athènes. Il s'assemble quelquefois dans le portique royal, pour
l'ordinaire sur une colline peu éloignée de la citadelle, et dans une
espèce de salle qui n'est garantie des injures de l'air que par un toit
rustique.

Les places des sénateurs sont à vie ; le nombre en est illimité. Les archontes, après leur année d'exercice, y sont admis, mais ils doivent montrer dans un examen solennel qu'ils ont rempli leurs fonctions avec autant de zèle que de fidélité. Si dans cet examen il s'en est trouvé d'assez habiles ou d'assez puissants pour échapper ou se soustraire à la sévérité de leurs censeurs, ils ne peuvent, devenus aréopagistes, résister à l'autorité de l'exemple, et sont forcés de paraître vertueux, comme en certains corps de milice on est forcé de montrer du courage.

La réputation dont jouit ce tribunal depuis tant de siècles, est fondée sur des titres qui la transmettront aux siècles suivants. L'innocence obligée d'y comparaître en approche sans crainte, et les coupables, convaincus et condamnés, se retirent sans oser se plaindre.

Il veille sur la conduite de ses membres et les juge sans partialité, quelquefois même pour des fautes légères. Un sénateur est puni pour avoir étouffé un petit oiseau qui, saisi de frayeur, s'était réfugié dans son sein : c'était l'avertir qu'un cœur fermé à la pitié ne doit pas disposer de la vie des citoyens. Aussi les décisions de cette cour sont-elles regardées comme des règles non-seulement de sagesse, mais encore d'humanité. J'ai vu traîner en sa présence une femme accusée d'empoisonnement : elle avait voulu s'attacher un homme qu'elle adorait par un philtre dont il mourut. On la renvoya, parce qu'elle était plus malheureuse que coupable.

On rapporte sa première origine au temps de Cécrops, mais il en dut une plus brillante à Solon, qui le chargea du maintien des mœurs. Il connut alors de presque tous les crimes, tous les vices, tous les abus. L'homicide volontaire, l'empoisonnement, le vol, les incendies, le libertinage, les innovations, soit dans le système religieux, soit dans l'administration publique, excitèrent tour à tour sa vigilance.

L'éducation de la jeunesse devint le premier objet de ses soins. Il montrait aux enfants des citoyens la carrière qu'ils devaient parcourir, et leur donnait des guides pour les y conduire.

Cette institution, trop belle pour subsister longtemps, ne dura qu'environ un siècle. Périclès entreprit d'affaiblir une autorité qui contraignait la sienne. Il eut le malheur de réussir ; et dès ce moment, il n'y eut plus de censeurs dans l'état, ou plutôt tous les citoyens le devinrent eux-mêmes. Les délations se multiplièrent, et les mœurs reçurent une atteinte fatale.

XVIII

Des accusations et des procédures pour les Athéniens.

Les causes que l'on porte aux tribunaux de justice, ont pour objet des délits qui intéressent le gouvernement ou les particuliers. S'agit-il de ceux de la première espèce ? tout citoyen peut se porter accusateur ; de ceux de la seconde ? la personne lésée en a seul le droit. Dans les premières, on conclut souvent à la mort ; dans les autres, il n'est question que de dommages et de satisfactions pécuniaires.

Dans une démocratie plus que dans tout autre gouvernement, le tort qu'on fait à l'état devient personnel à chaque citoyen, et la violence exercée contre un particulier est un crime contre l'Etat.

Les contestations élevées à l'occasion d'un héritage, d'on dépôt violé, d'une dette incertaine, d'un dommage qu'on a reçu dans ses biens, tant d'autres qui ne concernent pas directement l'État, font la matière des procès entre les personnes intéressées.

Les procédures varient en quelques points, tant pour la différence des tribunaux, que pour celle des délits. Je ne m'attacherai qu'aux formalités essentielles.

Les actions publiques se portent quelquefois devant le sénat ou devant le peuple, qui, après un premier jugement, a soin de les renvoyer à l'une des cours supérieures ; mais pour l'ordinaire l'accusateur s'adresse à l'un des principaux magistrats, qui lui fait subir un interrogatoire, et lui demande s'il a bien réfléchi sur sa démarche ; s'il est prêt, s'il ne lui serait pas avantageux d'avoir de nouvelles preuves ; s'il a des témoins, s'il désire qu'on lui en fournisse.

L'accusé fournit alors ses exceptions, tirées ou d'un jugement antérieur ou d'une longue prescription, ou de l'incompétence du tribu-

Après ces préliminaires, dont on a pas toujours occasion de se prévaloir, les parties font serment de dire la vérité et commencent à discuter elles-mêmes la cause.

Pendant la plaidoirie, les témoins appelés font tout haut leurs dépositions ; car, dans l'ordre criminel ainsi que dans l'ordre civil, il est de règle que l'instruction soit publique. L'accusateur peut demander qu'on applique à la question les esclaves de la partie adverse.

Nous observerons en passant que la question ne peut être ordonnée contre un citoyen que dans des cas extraordinaires.

Sur le point de prononcer le jugement, le magistrat qui préside au tribunal distribue à chacun des juges une boule blanche pour absoudre, une boule noire pour condamner.

Si les boules noires dominent, le chef des juges trace une longue ligne sur une tablette enduite de cire, et exposée à tous les yeux ; si ce sont les blanches, une ligne plus courte : s'il y a partage, l'accusé est absous.

Celui qui, ayant intenté une accusation, ne la poursuit pas ou n'obtient pas la cinquième partie des suffrages, est communément condamné à une amende de dix mille drachmes.

Il y a des causes qu'on peut poursuivre au civil par une accusation particulière, et au criminel par une action publique. Telle est celle de l'insulte faite à la personne d'un citoyen.

XIX

Des délits et des peines.

Tous les Athéniens peuvent subir les mêmes peines ; tous peuvent être privés de la vie, de la liberté, de leur patrie, de leurs biens et de leurs priviléges. Parcourons rapidement ces divers articles.

On punit de mort le sacrilége, la profanation des mystères, les entreprises contre l'état, et surtout contre la démocratie, les déserteurs, ceux qui livrent à l'ennemi une place, une galère, un détachement de troupes, enfin tous les attentats qui attaquent directement la religion, le gouvernement, ou la vie d'un particulier.

On soumet à la même peine le vol commis de jour, quand il s'agit de plus de cinquante drachmes, le vol de nuit, quelque léger qu'il soit ; celui qui se commet dans les bains, dans les gymnases, quand même la somme serait extrêmement modique.

C'est avec la corde, le fer et le poison, qu'on ôte pour l'ordinaire la vie aux coupables ; quelquefois on les fait expirer sous le bâton ; d'autres fois on les jette dans la mer, ou dans un gouffre hérissé de pointes tranchantes pour hâter leur trépas : car c'est une espèce d'impiété de laisser mourir de faim, même les criminels.

On détient en prison le citoyen accusé de certains crimes jusqu'à ce qu'il soit jugé, celui qui est condamné à la mort jusqu'à ce qu'il soit exécuté, celui qui doit jusqu'à ce qu'il ait payé. Certaines fautes sont expiées par plusieurs années ou par quelques jours de prison. D'autres doivent l'être par une prison perpétuelle. En certains cas, ceux qu'on y entraîne peuvent s'en garantir en donnant des cautions ; en d'autres, ceux qu'on y renferme sont chargés de liens qui leur ôtent l'usage de tous leurs mouvements.

L'exil est un supplice d'autant plus rigoureux pour un Athénien, qu'il ne retrouve nulle part les agréments de sa patrie, et que les ressources de l'amitié ne peuvent adoucir son infortune. Un citoyen qui lui donnerait asile serait sujet à la même peine.

Les confiscations tournent en grande partie au profit du trésor public : on y verse aussi les amendes, après en avoir prélevé le dixième pour le culte de Minerve, et le cinquantième pour celui de quelques autres divinités.

L'irrégularité de la conduite et dépravation des mœurs produisent une autre sorte de flétrissure que les lois ne pourraient pas effacer. En réunissant leurs forces à celle de l'opinon publique, elles enlèvent au citoyen qui a perdu l'estime des autres, les ressources qu'il trouvait dans son état. Ainsi, éloignant des charges et des emplois celui qui a maltraité les auteurs de ses jours, celui qui a lâchement abandonné son poste ou son bouclier, elle les couvre publiquement d'une infamie qui les force à sentir le remords.

XX

Mœurs et vie civile des Athéniens.

Au chant du coq les habitants de la campagne entrent dans la ville avec leurs provisions, en chantant de vieilles chansons. En même temps les boutiques s'ouvrent avec bruit, et tous les Athéniens sont en activité. Les uns reprennent les travaux de leur profession, d'autres, en grand nombre, se répandent dans les différents tribunaux, pour y remplir les fonctions de juges.

Parmi le peuple, ainsi qu'à l'armée on fait deux repas par jour ; mais les gens d'un certain ordre se contentent d'un seul, qu'ils placent les uns à midi, la plupart avant le coucher du soleil. L'après-midi ils prennent quelques moments de sommeil, ou bien ils jouent aux osselets, aux dés, et à des jeux de commerce.

Quelquefois on réunit ce dernier jeu à celui des dés. Le joueur règle la marche des pions ou des dames sur les pions qu'il amène. Il doit prévoir les coups qui lui sont avantageux ou funestes, et c'est à lui de profiter des faveurs du sort ou d'en corriger les caprices. Ce jeu, ainsi que le précédent, exige beaucoup de combinaisons : on doit les apprendre dès l'enfance, et quelques-uns s'y rendent si habiles que personne n'ose lutter contre eux et qu'on les cite pour exemples.

Dans les intervalles de la journée, surtout le matin avant midi, et le soir avant le souper, on va sur les bords de l'Illisus et tout autour de la ville jouir de l'extrême pureté de l'air, et des aspects charmants qui s'offrent de tous côtés ; mais, pour l'ordinaire, on se rend à la place publique, qui est l'endroit le plus fréquenté de la ville. Comme c'est là que se tient souvent l'assemblée générale, et que se trouvent le palais du sénat et le tribunal du premier des archontes, presque tous y sont entraînés par leurs affaires ou par celles de la répuplique. Plusieurs y viennent aussi parce qu'ils ont besoin de se distraire, et d'autres parce qu'ils ont besoin de s'occuper. A certaines heures, la place, délivrée des embarras du marché, offre un champ libre à ceux qui veulent jouir du spectacle de la foule, ou se donner eux-mêmes en spectacle.

On trouve quelquefois une compagnie choisie, et des conversations instructives aux différents portiques distribués dans la ville. Ces sortes de rendez-vous ont dû se multiplier parmi les Athéniens. Leur goût insatiable pour les nouvelles, suite de l'activité de leur esprit et de l'oisiveté de leur vie, les force à se rapprocher les uns des autres.

Des objets plus doux occupent les Athéniens pendant la paix. Comme la plupart font valoir leurs terres, ils partent le matin à cheval ; et après avoir dirigé les travaux de leurs esclaves, ils reviennent le soir à la ville.

Leurs moments sont quelquefois remplis par la chasse et par les exercices du gymnase. Outre les bains publics où le peuple aborde en foule, et qui servent d'asile aux pauvres contre les rigueurs de l'hiver, les particuliers en ont dans leurs maisons. L'usage leur en est devenu si nécessaire qu'ils l'ont introduit jusque sur leurs vaisseaux. Ils se mettent au bain souvent après la promenade, presque toujours avant le repas. Ils en sortent parfumés d'essences ; et ces odeurs se mêlent avec celles dont ils ont soin de pénétrer leurs habits, qui prennent divers noms suivant la différence de leur forme et de leurs couleurs.

La plupart se contentent de mettre par dessus une tunique qui descend jusqu'à mi-jambe un manteau qui les couvre presque en entier. Il ne convient qu'aux gens de la campagne ou sans éducation de relever au-dessus des genoux les diverses pièces de l'habillement.»

Beaucoup d'entre eux vont pieds nus, d'autres, soit dans la ville, soit en voyage, quelquefois même dans les processions, couvrent leur tête d'un grand chapeau à bords détroussés.

Le lin, le coton, et surtout la laine, sont les matières le plus souvent employées pour l'habillement des Athéniens. La tunique était autrefois de lin ; elle est maintenant de coton. Le peuple est vêtu d'un drap qui n'a reçu aucune teinture, et qu'on peut reblanchir. Les gens riches préfèrent des draps de couleur.

On fait pour l'été des vêtements très-légers. En hiver quelques-uns se servent de grandes robes qu'on fait venir de Sardes, et dont le drap, fabriqué à Ecbatane en Médie, est hérissé de gros flocons de laine propres à garantir du froid.

Les Athéniennes peignent leurs sourcils en noir, et appliquent sur leur visage une couche de blanc de céruse avec de fortes teintes de rouges.

Renfermées dans leur appartement, elles sont privées du plaisir de partager et d'augmenter l'agrément des sociétés que leurs époux rassemblent. La loi ne leur permet de sortir pendant le jour que dans certaines circonstances, et pendant la nuit qu'en voiture, et avec un flambeau qui les éclaire.

Les Athéniens étaient autrefois si jaloux, qu'ils ne permettaient pas à leurs femmes de se montrer à la fenêtre. On a reconnu depuis que cette extrême sévérité ne servait qu'à hâter le mal qu'on cherchait à prévenir.

Les hommes paraissent presque toujours avec une canne à la main, les femmes très souvent avec un parasol. La nuit, on se fait éclairer par un esclave qui tient un flambeau orné de différentes couleurs.

Dans les premiers jours de mon arrivée je parcourais les écriteaux placés au-dessus des portes des maisons On lit sur les uns : MAISON A VENDRE, MAISON A LOUER ; sur d'autres : C'EST LA MAISON D'UN TEL; QUE RIEN DE MAUVAIS N'ENTRE CÉANS. Il m'en coûtait pour satisfaire cette petite curiosité. Dans les principales rues, on est continuellement heurté, pressé, foulé par une quantité de gens à cheval, de charretiers, de porteurs d'eau, de crieurs d'édits, de mendiants, d'ouvriers et autres gens du peuple. Un jour que j'étais avec Diogène à regarder de petits chiens que l'ont avait dressés à faire des tours, un de ces ouvriers, chargé d'une grosse poutre, l'en frappa rudement, et lui cria : Prenez garde ! Diogène lui répondit sur le champ : « Est ce que tu veux me frapper une seconde fois ? »

Le peuple est naturellement frugal ; les salaisons et les légumes font sa principale nourriture. Tous ceux qui n'ont pas de quoi vivre, soit qu'ils aient été blessés à la guerre, soit que leurs maux les rendent incapables de travailler, reçoivent tous les jours du trésor public une ou deux oboles, que leur accorde l'assemblée de la nation.

On ne trouve point ici de fortunes aussi éclatantes que dans la

Perse ; et quand je parle de l'opulence et du faste des Athéniens, ce n'est que relativement aux autres peuples de la Grèce.

Quoique les Athéniens aient l'insupportable défaut d'ajouter foi à la calomnie avant que de l'éclaircir, ils ne sont méchants que par légèreté, et l'on dit communément que quand ils sont bons, ils le sont plus que les autres Grecs, parce que leur bonté n'est pas une vertu d'éducation.

XXI

De la religion, des ministres sacrés, des principaux crimes contre la religion.

Le culte public est fondé sur cette loi : "Honorez en public et en particulier les dieux et les héros du pays. Que chacun leur offre tous les ans, suivant ses facultés et suivant les rites établis, les prémices de ses moissons. »

Dès les plus anciens temps, les objets du culte s'étaient multipliés parmi les Athéniens. Les douze principales divinités leur furent communiquées par les Egyptiens, et d'autres par les Libyens et par différents peuples. On défendit ensuite, sous peine de mort, d'admettre des cultes étrangers sans un décret de l'aréopage, sollicité par les orateurs publics. Depuis un siècle ce tribunal étant devenu plus facile, les dieux de la Thrace, de la Phrygie et de quelques autres nations barbares ont fait une irruption dans l'Attique, et s'y sont maintenus avec éclat, malgré les plaisanteries dont le théâtre retentit contre ces étranges divinités et contre les cérémonies nocturnes célébrées en leur honneur.

Le peuple fait uniquement consister la piété dans la prière, dans les sacrifices et dans les purifications.

Les particuliers adressent leurs prières aux dieux au commencement d'une entreprise. Ils leur en adressent le matin, le soir, au lever et au coucher du soleil et de la lune.

Autrefois on ne présentait aux dieux que les fruits de la terre; et l'on voit encore dans la Grèce plusieurs autels sur lesquels il n'est pas permis d'immoler des victimes. Les sacrifices sanglants s'introduisirent avec peine. L'homme avait horreur de porter le fer dans le sein d'un animal destiné au labourage et devenu le compagnon de ses travaux : une loi expresse le lui défendait sous peine de mort ; et l'usage général l'engageait à s'abstenir de la chair des animaux.

Le respect qu'on avait pour les traditions anciennes est attesté par une cérémonie qui se renouvelle tous les ans. Dans une fête consacrée à Jupiter, on place des offrandes sur un autel, auprès duquel on fait passer des bœufs. Celui qui touche à ces offrandes doit être immolé. De jeunes filles portent de l'eau dans des vases, et les ministres du dieu les instruments du sacrifice.

La connaissance d'une foule de pratiques et de détails constitue le savoir des prêtres. Tantôt on répand de l'eau sur l'autel ou sur la tête de la victime, tantôt c'est du miel ou de l'huile. Plus communément on les arrose avec du vin; et alors on brûle sur l'autel du bois de figuier, de myrte ou de vigne. Le choix de la victime n'exige pas moins d'attention. Elle doit être sans tache ; n'avoir aucun défaut, aucune maladie ; mais tous les animaux ne sont pas également propres aux sacrifices. On n'offrit d'abord que les animaux dont on se nourrissait, comme le bœuf, la brebis, la chèvre, le cochon, etc. Ensuite on sacrifia des chevaux au soleil, des cerfs à Diane, des chiens à Hécate. Chaque pays, chaque temple a ses usages. La haine et la faveur des dieux sont également nuisibles aux animaux qui leur son consacrés.

Un jour les Athéniens se plaignaient à l'oracle d'Ammon de ce que les dieux se déclaraient en faveur des Lacédémoniens, qui ne leur présentaient que des victimes en petit nombre, maigres et mutilées. L'oracle répondit que tous les sacrifices des Grecs ne valaient pas cette prière humble et modeste par laquelle les Lacédémoniens se contentent de demander aux dieux les vrais biens.

On purifie tous les ans la ville d'Athènes, le 6 du mois thargélion. Toutes les fois que le courroux des dieux se déclare par la famine, par une épidémie ou d'autres fléaux, on tâche de le détourner sur un homme et sur une femme du peuple, entretenus par l'état pour être, au besoin, des victimes expiatoires, chacun au nom de son sexe. On les promène dans les rues au son des instruments; et, après leur avoir donné quelques coups de verges, on les fait sortir de la ville. Autrefois on les condamnait aux flammes, et on jetait leurs cendres au vent.

Les prêtres officient avec de riches vêtements, sur lesquels sont tracés en lettres d'or les noms des particuliers qui en ont fait présent au temple. Cette magnificence est encore relevée par la beauté de la figure, la noblesse du maintien, le son de la voix, et surtout par les attributs de la divinité dont ils sont les ministres. C'est ainsi que la prêtresse de Cérès paraît couronnée de pavots et d'épis; et celle de Minerve avec l'égide, la cuirasse et un casque surmonté d'aigrettes.

Plusieurs sacerdoces sont attachés à des maisons anciennes et puissantes, où ils se transmettent de père en fils. D'autres sont conférés par le peuple.

En Egypte, les prêtres forment le premier corps de l'état, et ne sont pas obligés de contribuer à ses besoins, quoique la troisième partie des biens-fonds soit assignée à leur entretien. La pureté des mœurs et l'austérité de leur vie leur concilient la confiance des peuples ; et leurs lumières, celle du souverain, dont ils composent le conseil, et qui doit être tiré de leur corps, ou s'y faire agréger dès qu'il monte sur le trône.

Il ne me reste plus qu'à citer les principaux jugements que les tribunaux d'Athènes ont prononcés contre le crime d'impiété depuis environ un siècle.

Protagoras, un des plus illustres sophistes de son temps, ayant commencé un de ses ouvrages par ces mots : « Je ne sais s'il y a des dieux ou s'il n'y en a point, » fut poursuivi criminellement, et prit la fuite. On rechercha ses écrits dans les maisons des particuliers, et on les fit brûler dans la place publique.

Prodicus de Céos fut condamné à boire la ciguë, pour avoir avancé que les hommes avaient mis au rang des dieux les êtres dont ils retiraient de l'utilité, tels que le soleil, la lune, les fontaines, etc.

Il arriva dans le cours des procédures un incident qui montre jusqu'à quel excès le peuple porte son aveuglement. Un des témoins, interrogé comment il avait pu reconnaître pendant la nuit les personnes qu'il dénonçait, répondit : « Au clair de la lune. » On prouva que la lune ne paraissait pas alors. Les gens de bien furent consternés ; mais la fureur du peuple n'en devint que plus ardente.

Alcibiade, cité devant cet indigne tribunal dans le temps qu'il allait s'emparer de Messine et peut-être de toute la Sicile, refusa de comparaître et fut condamné à perdre la vie. On vendit ses biens ; on grava sur une colonne le décret qui le proscrivait et le rendait infâme. Les prêtres de tous les temples eurent ordre de prononcer contre lui des imprécations terribles. Tous obéirent, à l'exception de la prêtresse Théano, dont la réponse méritait mieux d'être gravée sur une colonne que le décret du peuple. « Je suis établie, dit-elle, pour attirer sur les hommes les bénédictions et non les malédictions du ciel. »

Quelque temps après arriva le jugement de Socrate, dont la religion ne fut que le prétexte, ainsi que je le montrerai dans la suite.

⸺ ❧ ⸺

XXII

Voyage de la Phocide. — Des jeux pythiques. — Le temple et l'oracle de Delphes.

Je parlerai souvent des fêtes de la Grèce, je reviendrai souvent à ces solennités augustes où se rassemblent les divers peuples de cet heureux pays. Comme elles ont entre elles beaucoup de traits de conformité, on me reprochera peut-être de retracer les mêmes tableaux. Mais ceux qui décrivent les guerres des nations n'exposent-ils pas à nos yeux une suite uniforme de scènes meurtrières ? Et quel intérêt peut il résulter des peintures qui ne présentent les hommes que dans les convulsions de la fureur et du désespoir ? N'est-il pas plus utile et plus doux de les suivre dans le sein de la paix et de la liberté, dans ces combats où se déploient les talents de l'esprit et les grâces du corps, dans ces fêtes où le goût étale toutes ses ressources, et le plaisir tous ses traits?

Nous partîmes d'Athènes vers la fin du mois élaphébollion, dans la troisième année de la cent quatrième olympiade ; nous allâmes à l'isthme de Corinthe, et, nous étant embarqué à Pagæ, nous entrâmes dans le golfe de Crissa le jour même où commençait la fête. Précédés et suivi d'un grand nombre de bâtiments légers; nous abordâmes à Cirrha, petite ville située au pied du mont Cirphis. Entre ce mont et le Parnasse, s'étend une vallée où se font les courses des chevaux et des chars. Le Plistus y coule à travers des prairies riantes que le printemps parait de ses couleurs. Après avoir visité l'Hippodrome, nous primes un des sentiers qui conduisent à Delphes.

La ville se présentait en amphithéâtre sur le penchant de la montagne. Nous distinguions déjà le temple d'Apollon et cette prodigieuse quantité de statues qui sont semées sur différents plans, à travers les édifices qui embellissent la ville. L'or, dont la plupart sont couvertes, frappé des rayons naissants du soleil, brillait d'un éclat qui se répandait au loin. En même temps on voyait s'avancer lentement dans la plaine et sur les collines des processions composées de jeunes garçons et de jeunes filles qui semblaient se disputer le prix de la magnificence et de la beauté.

Le Parnasse est une chaîne de montagnes qui se prolonge vers le nord, et qui, dans sa partie méridionale, se termine en deux pointes, au-dessous desquelles ou trouve la ville de Delphes, qui n'a que seize stades de circuit. Elle n'est point défendue par des murailles, mais par des précipices qui l'environnent des trois côtés. On l'a mise sous la protection d'Apollon, et l'on associe au culte de ce dieu celui de quelques autres divinités qu'on appelle les assistances de son trône. Ce sont Latone, Diane et Minerve la prévoyante. Leurs temples sont à l'entrée de la ville.

Nous nous arrêtâmes un moment dans celui de Minerve : nous vîmes au-dedans un bouclier d'or envoyé par Crœsus, roi de Lydie; au-dehors une grande statue de bronze consacrée par les Marseillais des Gaules, en mémoire des avantages qu'ils avaient remportés sur les Carthaginois. Après avoir passé près du Gymnase, nous nous trouvâmes sur les bords de la fontaine Castalie, dont les eaux saintes servent à purifier et les ministres des autels et ceux qui viennent consulter l'oracle. De là nous montâmes au temple d'Apollon, qui est situé dans la partie supérieure de la ville. Il est entouré d'une enceinte vaste et remplie d'offrandes précieuses faites à la divinité.

Les particuliers couronnés dans les jeux publics de la Grèce, ceux qui sont utiles à leur patrie par des services, ou qui l'illustrent par leurs talents, obtiennent dans cette même enceinte des monuments de gloire. C'est là qu'on se trouve entouré d'un peuple de héros ; c'est là que tout rappelle les événements les plus remarquables de l'histoire, et que l'art de la sculpture brille avec plus d'éclat que dans tous les autres cantons de la Grèce.

Comme nous étions sur le point de parcourir cette immense collection, un Delphien, nommé Cléon, voulut nous servir de guide. C'était un de ces interprètes du temple qui n'ont d'autre fonction que de satisfaire l'avide curiosité des étrangers. Cléon, s'étendant sur les moindres détails, épuisa plus d'une fois son savoir et notre patience. J'abrégerai son récit, et j'en écarterai souvent le merveilleux dont il cherchait à l'embellir.

Un superbe taureau de bronze fut le premier objet que nous trouvâmes à l'entrée de l'enceinte. Ce taureau, disait Cléon, fut envoyé par ceux de Corcyre, et c'est l'ouvrage de Théoprope d'Égine. Ces neuf statues que vous voyez ensuite furent présentées par les Tégéates, après qu'ils eurent vaincu les Lacédémoniens. Vous y reconnaîtrez Apollon, la victoire et les anciens héros de Tégée. Celles qui sont vis-à-vis ont été données par les Lacédémoniens après que Lysandre eut battu près d'Éphèse la flotte d'Athènes. Les sept premières représentent Castor et Pollux, Jupiter, Apollon, Diane et Lysandre qui reçoit une couronne des mains de Neptune ; la huitième est pour Abas, qui faisait les fonctions de devin dans l'armée de Lysandre, et la neuvième pour Hermen, pilote de la galère que commandait ce général. Quelque temps après, Lysander ayant remporté sur les Athéniens une seconde victoire navale auprès d'Ægos-Potamos, les Lacédémoniens, envoyèrent aussitôt à Delphes les statues des principaux officiers de leur armée et celles des chefs de troupes alliées. Elles sont au nombre de vingt-huit, et vous les voyez derrière celles dont je viens de parler.

Ce cheval de bronze est un présent des Argiens. Vous lirez dans une description gravée sur le piédestal, que les statues dont il est entouré proviennent de la dixième partie des dépouilles enlevées par les

De l'enceinte sacrée nous entrâmes dans le temple qui fut construit il y a environ cent cinquante ans. Celui qui subsistait auparavant ayant été consumé par les flammes, les Amphictyons ordonnèrent de le rebâtir ; et l'architecte Spintharus, de Corinthe, s'engagea de le terminer pour la somme de trois-cents talents. Les trois quarts de cette somme furent prélevés sur différentes villes de la Grèce, et l'autre quart sur les habitants de Delphes, qui, pour fournir leur contingent, firent une quête jusque dans les pays les plus éloignés. Une famille d'Athènes ajouta même, à ses frais, des embellissements qui n'étaient pas dans le premier projet.

L'édifice est bâti d'une très-belle pierre ; mais le frontispice est de marbre de Paros. Deux sculpteurs d'Athènes ont représenté sur le fronton Diane, Latone, Apollon, les Muses, Bacchus, etc. Les chapiteaux des colonnes sont chargés de plusieurs espèces d'armes dorées, et surtout de boucliers qu'offrirent les Athéniens en mémoire de la bataille de Marathon.

Un mot de deux lettres, placé au-dessus de la porte, donne lieu à différentes explications ; mais les plus habiles interprètes y découvrent un sens profond. Il signifie, en effet, VOUS ÊTES. C'est donc l'aveu de notre néant, et un hommage digne de la Divinité, à qui seule l'existence appartient.

Dans le même endroit nous lûmes sur une tablette suspendue au mur ces mots tracés en gros caractères : QUE PERSONNE N'APPROCHE DE CES LIEUX, S'IL N'A PAS LES MAINS PURES.

Nous fûmes entraînés au théâtre où se donnaient les combats de poésie et de musique. Les Amphictyons y présidaient. Ce sont eux qui, en différents temps, ont établi les jeux qu'on célèbre à Delphes. Ils en ont l'intendance : ils y entretiennent l'ordre, et décernent la couronne au vainqueur. Plusieurs poètes entrèrent en lice. Le sujet du prix est un hymne pour Apollon, que l'auteur chante lui-même en s'accompagnant de la cithare. La beauté de la voix, et l'art de la soutenir par des accords harmonieux, influent tellement sur les opinions des juges et des assistants, que pour n'avoir pas possédé ces deux avantages, Hésiode fut autrefois exclu du concours ; et que, pour les avoir réunis à un degré éminent, d'autres auteurs ont obtenu le prix, quoiqu'ils eussent produit des ouvrages qu'ils n'avaient pas composés. Les poëmes que nous entendîmes avaient de grandes beautés. Celui qui fut couronné reçut des applaudissements si redoublés, que les hérauts furent obligés d'imposer silence. Aussitôt on vit s'avancer les joueurs de flûte.

Le sujet qu'on a coutume de leur proposer est le combat d'Apollon contre le serpent Python. Il faut qu'on puisse distinguer dans leur composition les cinq principales circonstances de ce combat. La première partie n'est qu'un prélude ; l'action s'engage dans la seconde, elle s'anime et se termine dans la troisième ; dans la quatrième, on entend les cris de victoire, et dans la cinquième les sifflements du monstre avant qu'il expire. Les Amphictyons eurent à peine adjugé le prix qu'ils se rendirent au stade, où les courses à pied allaient commencer. On proposa une couronne pour ceux qui parcourraient le plus tôt cette carrière ; une autre pour ceux qui la fourniraient deux fois ; une troisième pour ceux qui la parcourraient jusqu'à douze fois sans s'arrêter : c'est ce qu'on appelle la course simple, la double course, la longue course. À ces différents exercices nous vîmes succéder la course des enfants, celle des hommes armés, la lutte, le pugilat, et plusieurs de ces combats que nous détaillerons en parlant des jeux olympiques.

Autrefois on présentait aux vainqueurs une somme d'argent. Quand on a voulu les honorer davantage, on ne leur a donné qu'une couronne de laurier.

Nous soupâmes avec les théores ou députés des Athéniens. Quelques-uns se proposaient de consulter l'oracle. C'était le lendemain qu'il devait répondre à leurs questions : car on ne peut en approcher que dans certains jours de l'année ; et la Pythie ne monte sur le trépied qu'une fois par mois. Nous résolûmes de l'interroger à notre tour, par un simple motif de curiosité, et sans la moindre confiance dans ses décisions.

Le jour suivant nous allâmes au temple ; nous donnâmes nos questions par écrit, et nous attendîmes que la voix du sort eût décidé du moment que nous pourrions approcher de la Pythie. A peine en fûmes-nous instruits, que nous la vîmes traverser le temple, accompagnée de quelques-uns des prophètes, des poètes et des saints qui entrèrent avec elle dans le sanctuaire. Triste, abattue, elle semblait se traîner comme une victime qu'on mène à l'autel. Elle mâchait du laurier ; elle en jeta, en passant, sur le feu sacré quelques feuilles mêlées avec de la farine d'orge ; elle en avait couronné sa tête, et son front était ceint d'un bandeau :

Athéniens aux Perses dans les champs de Marathon. Elles sont au nombre de treize, et toutes de la main de Phidias. Voyez sous quels traits il offre à nos yeux Apollon, Minerve, Thésée, Codrus et plusieurs de ces anciens Athéniens qui ont mérité de donner leurs noms aux tribus d'Athènes. Miltiade, qui gagna la bataille, brille au milieu des héros.

Voici les principaux chefs qui suivirent Adraste, roi d'Argos, à la première guerre de Thèbes; voici ceux qui se distinguèrent dans la seconde; voilà Diomède, Sthénélus, Amphiaraüs dans son char, avec Bacon, son parent, qui tient les rênes des chevaux.

Vous ne pouvez faire un pas sans être arrêté par des chefs-d'œuvre de l'art. Ces chevaux de bronze, ces captives gémissantes sont de la main d'Angéladas d'Argos : c'est un présent des Tarentins d'Italie. Cette figure représente Triopas, fondateur des Cnidiens en Carie. Ces statues de Latone, d'Apollon et de Diane, qui lancent des flèches contre Tityus, sont une offrande du même peuple.

Parmi ce grand nombre de monuments, on a construit plusieurs petits édifices où les peuples et les particuliers ont porté des sommes considérables, soit pour les offrir au dieu, soit pour les mettre en dépôt; on a soin d'y tracer le nom de ceux à qui il appartient, afin qu'ils puissent le retirer en cas de besoin.

Nous parcourûmes les trésors des Athéniens, des Thébains, des Cnidiens, des Syracusains, etc.; et nous fûmes convaincus qu'on n'avait point exagéré en nous disant que nous trouverions plus d'or et d'argent à Delphes qu'il n'y en a peut-être dans le reste de la Grèce.

Le trésor des Sicyoniens nous offrit, entre autres singularité, un livre en or qu'avait présenté une femme nommée Aristomaque, qui avait remporté le prix de poésie aux jeux isthmiques. Nous vîmes dans celui des Siphniens une grande quantité d'or provenu des mines qu'ils exploitaient autrefois dans leur île; et dans celui des habitants d'Acanthe, des obélisques de fer présentés par la courtisane Rhodope. Est-il possible, m'écriai-je, qu'Apollon ait agréé un pareil hommage ? Etranger, me dit un Grec que je ne connaissais pas, les mains qui ont élevé ces trophées étaient-elles pures ? Vous venez de lire sur la porte de l'asile où nous sommes : LES HABITANTS D'AGANTHE VAINQUEURS DES ATHÉNIENS ; ET AILLEURS : LES ATHÉNIENS VAINQUEURS DES CORIN-THIENS; LES PHOCÉENS, DES THESSALIENS, LES ORNÉATES, DES SICYO-

NIENS, etc. Ces inscriptions furent tracées avec le sang de plus de cent mille Grecs : le dieu n'est entouré que des monuments de nos fureurs, et vous êtes étonné que ses prêtres aient accepté l'hommage d'une courtisane !

Cléon nous montra ensuite un cratère en or que la ville de Rome en Italie avait envoyé à Delphes. On nous fit voir le collier d'Hélène. Nous comptâmes, soit dans le temple, soit dans les différents trésors, trois cent soixante fioles d'or pesant chacune deux mines.

Tous ces trésors, réunis avec ceux dont je n'ai point fait mention, montent à des sommes immenses. On peut en juger par le fait suivant : Quelque temps après notre voyage à Delphes, les Phocéens s'emparèrent du temple ; et les matières d'or et d'argent qu'ils firent fondre furent estimées plus de dix mille talents. (Plus de cinquante quatre millions.)

Après être sortis du trésor des Corinthiens, nous continuâmes à parcourir les monuments de l'enceinte sacrée. Voici, nous dit Cléon, un groupe qui doit fixer vos regards. Voyez avec quelle fureur Apollon et Hercule se disputent un trépied, avec quel intérêt Latone et Diane tâchent de retenir le premier, et Minerve le second ! Ces cinq statues, sorties des mains de trois artistes de Corinthe, furent consacrées en ce lieu par les Phocéens. Ce trépied garni d'or, soutenu par un dragon d'airain, fut offert par les Grecs après la bataille de Platée. Les Tarentins d'Italie, après quelques avantages remportés sur leurs ennemis, ont envoyé ces statues équestres et ces autres statues en pied ; elles représentent les principaux chefs des vainqueurs et des vaincus. Les habitants de Delphes ont donné ce loup de bronze que vous voyez près du grand autel ; les Athéniens, ce palmier et cette Minerve du même métal. La Minerve était autrefois dorée, ainsi que le fruit du palmier ; mais, vers le temps de l'expédition des Athéniens en Sicile, des corbeaux présagèrent leur défaite en arrachant le fruit de l'arbre, et en perçant le bouclier de la déesse.

Comme nous parûmes douter de ce fait, Cléon ajouta pour le confirmer : Cette colonne placée auprès de la statue d'Hiéron, roi de Syracuse, ne fut-elle pas renversée le jour même de la mort de ce prince ? Les yeux de la statue de ce Spartiate ne se détachèrent-ils pas quelques jours avant qu'il pérît dans le combat de Leuctres ? Vers le même temps ne disparurent-elles pas, ces deux étoiles d'or que Lysander avait consacrées en l'honneur de Castor et de Pollux ?

lons entre les deux cimes des rochers qui dominent sur la ville de
Delphes.

De là, continuant notre chemin vers le nord, après avoir fait plus
de soixante stades, nous arrivâmes à l'antre Corycius, autrement dit
l'antre des nymphes, parce qu'il leur est consacré, ainsi qu'aux dieux
Bacchus et Pan. L'eau qui découle de toutes parts y forme des petits
ruisseaux intarissables. Quoique profond, la lumière du jour l'éclaire
presqu'en entier. Il est si vaste que, lors de l'expédition de Xerxès, la
plupart des habitants de Delphes prirent le parti de s'y réfugier. On
nous montra aux environs quantité de grottes qui excitent la vénération des peuples; car dans ces lieux solitaires, tout est sacré et peuplé
de génies.

La route que nous suivions offrait successivement à nos yeux les
objets les plus variés, des vallées agréables, des bouquets de pins,
des terres susceptibles de culture, des rochers qui menaçaient nos
têtes, des précipices qui semblaient s'ouvrir sous nos pas, quelquefois
des points de vue d'où nos regards tombaient, à une très-grande profondeur, sur les campagnes voisines. Nous entrevîmes auprès de
Panopé, ville située sur les confins de la Phocide et de la Béotie, des
chariots remplis de femmes qui mettaient pied à terre et dansaient en
rond. Nos guides les reconnurent pour les Thyiades athéniennes. Ce
sont des femmes initiées aux mystères de Bacchus : elles viennent
tous les ans se joindre à celles de Delphes pour monter ensemble sur
les hauteurs du Parnasse, et y célébrer avec une égale fureur les orgies
de ce dieu.

Les excès auxquels elles se livrent ne surprendront point ceux qui
savent combien il est aisé d'exalter l'imagination vive et ardente des
femmes grecques. On en a vu plus d'une fois un grand nombre se répandre dans les villes et dans les provinces entières, toutes échevelées
et à demi nues, toutes poussant des hurlements effroyables. Il n'avait
fallu qu'une étincelle pour produire ces embrasements. Quelques-
unes d'entre elles, saisies tout à coup d'un esprit de vertige, se
croyaient poussées par une inspiration divine, et faisaient passer ces
frénétiques transports à leurs compagnes. Quand l'accès du délire était
près de tomber, les remèdes et les expiations achevaient de ramener
le calme dans leurs âmes. Ces épidémies sont moins fréquentes depuis
le progrès des lumières; mais il en reste encore des traces dans les
fêtes de Bacchus.

En continuant de marcher entre des montagnes entassées les unes sur les autres, nous arrivâmes au pied du mont Lycorée, le plus haut de tous ceux du Parnasse, peut-être de tous ceux de la Grèce. C'est là, dit-on, que se sauvèrent les habitants de ces contrées pour échapper au déluge arrivé du temps de Deucalion. Nous entreprimes d'y monter, mais, après des chutes fréquentes, nous reconnûmes que, s'il est aisé de s'élever jusqu'à certaines hauteurs du Parnasse, il est très-difficile d'en atteindre le sommet; et nous descendîmes à Élatée, la principale ville de la Phocide.

Chaque ville de la Phocide est indépendante et a le droit d'envoyer ses députés à la diète générale, où se discutent les intérêts de la nation.

Les habitants ont un grand nombre de fêtes, de temples et de statues; mais ils laissent à d'autres peuples l'honneur de cultiver les lettres et les arts. Les travaux de la campagne et les soins domestiques font leur principale occupation. Ils donnèrent dans les temps des preuves frappantes de leur valeur; dans une occasion particulière, un témoignage effrayant de leur amour pour la liberté.

Près de succomber sous les armes des Thessaliens, qui, avec des forces supérieures, avaient fait une irruption dans leur pays, ils construisirent un grand bûcher, auprès duquel ils placèrent les femmes, les enfants, l'or, l'argent, et les meubles les plus précieux; ils en confièrent la garde à trente de leurs guerriers, avec ordre, en cas de défaite, d'égorger les femmes et les enfants, de jeter dans les flammes les effets confiés à leurs soins, de s'entre tuer eux-mêmes, ou de venir sur le champ de bataille périr avec le reste de la nation. Le combat fut long, le massacre horrible : les Thessaliens prirent la fuite et les Phocéens restèrent libres.

Quantité d'étrangers se disposaient à consulter l'oracle. Le temple était entouré de victimes qui tombaient sous le couteau sacré, et dont les cris se mêlaient au chant des hymnes. Le désir impatient de connaître l'avenir se peignait dans tous les yeux, avec l'espérance et la crainte qui en sont inséparables.

Un des prêtres se chargea de nous préparer. Après que l'eau sainte nous eût purifiés, nous offrîmes un taureau et une chèvre. Pour que ce sacrifice fût agréable aux dieux, il fallait que le taureau mangeât sans hésiter la farine qu'on lui présentait ; il fallait qu'après avoir jeté de l'eau froide sur la chèvre, on vît frissonner ses membres pendant quelques instants.

On nous introduisit dans une chappelle où, dans des moments qui ne sont, à ce qu'on prétend, ni prévus ni réglés par les prêtres, on respire tout à coup une odeur extrêmement douce. On a soin de faire remarquer ce prodige aux étrangers.

Quelques temps après, le prêtre vint nous chercher, et nous mena dans le sanctuaire, espèce de caverne profonde dont les parois sont ornées de différentes offrandes. Il venait de s'en détacher une bandelette sur laquelle on avait brodé des couronnes et des victoires. Nous eûmes d'abord de la peine de discerner les objets; l'encens et les autres parfums qu'on y brûlait continuellement le remplissaient d'une fumée épaisse. Vers le milieu est un soupirail d'où sort l'exhalaison prophétique. On s'en approche par une pente insensible; mais on ne peut pas le voir, parce qu'il est couvert d'un trépied tellement entouré de couronnes et de rameaux de laurier, que la vapeur ne saurait se répandre au-dehors.

Le lendemain nous descendîmes dans la plaine pour voir les courses des chevaux et des chars. L'hippodrome (c'est le nom qu'on donne à l'espace qu'il faut parcourir) est si vaste qu'on y voit quelquefois jusqu'à quarante chars se disputer la victoire. Nous en vîmes partir dix à la fois de la barrière : il n'en revint qu'un très-petit nombre; les autres s'étant brisés contre la borne ou dans le milieu de la carrière.

Les courses étant achevées, nous remontâmes à Delphes pour être témoins des honneurs funèbres que la théorie des Eniânes devait rendre aux mânes de Néoptolème, et de la cérémonie qui devait les précéder. Ce peuple, qui met Achille au nombre de ses anciens rois, et

qui honore spécialement la mémoire de ce héros et de son fils Néoptolème, habite auprès du mont Œta, dans la Thessalie. Il envoie tous
les quatre ans une députation à Delphes, non-seulement pour offrir
des sacrifices aux divinités de ces lieux, mais encore pour faire des
libations et des prières sur le tombeau de Néoptolème, qui périt ici
aux pieds des autels par la main d'Oreste, fils d'Agamemnon. Elle
s'était acquittée la veille du premier de ces devoirs; elle allait s'acquitter du second.

Polyphron, jeune et riche Thessalien, était à la tête de la théorie.
Comme il prétendait tirer son origine d'Achille, il voulut paraître avec
un éclat qui pût, aux yeux du peuple, justifier de si hautes prétentions. La marche s'ouvrait par une hécatombe composée effectivement
de cent bœufs, dont les uns avaient les cornes dorées, et dont les autres étaient ornées de couronnes et de guirlandes de fleurs. Ils étaient
conduits par autant de Thessaliens vêtus de blanc et tenant des haches
sur leurs épaules. D'autres victimes suivaient, et l'on avait placé par
intervalles des musiciens qui jouaient de divers instruments. On voyait
paraître ensuite des Thessaliennes dont les attraits attiraient tous les
regards. Elles marchaient d'un pas réglé, chantant des hymnes en
l'honneur de Thétis, mère d'Achille, et portant dans leurs mains ou
sur leurs têtes des corbeilles remplies de fleurs, de fruits et d'aroma-
tes précieux : elles étaient suivies de cinquante jeunes Thessaliens
montés sur des chevaux superbes qui blanchissaient leurs mors d'écume. Polyphron se distinguait autant par la noblesse de sa figure que
par la richesse de ses habits. Quand ils furent devant le temple de
Diane, on vit sortir la prêtresse, qui parut avec les traits et les attributs de la déesse, ayant un carquois sur l'épaule et dans ses mains un
arc et un flambeau allumé. Elle monta sur un char et ferma la marche,
qui continua dans le même ordre jusqu'au tombeau de Néoptolème, placé
dans une enceinte à la gauche du temple.

Les cavaliers thessaliens en firent trois fois le tour. Les jeunes Thessaliennes poussèrent de longs gémissements, et les autres députés,
des cris de douleur. Un moment après on donna le signal, et toutes
les victimes tombèrent autour de l'autel. On en coupa les extrémités,
que l'on plaça sur un grand bûcher.

Quelques jours après nous montâmes à la source de la fontaine
Castalie, dont les eaux pures et d'une fraîcheur délicieuse forment de
belles cascades sur la pente de la montagne. Elle sort à gros boui-

royale, aspiraient à la couronne; les Thraces soutenaient les droits de Pausanias; les Athéniens envoyaient une armée avec une flotte pour défendre ceux d'Argée.

Philippe, consultant encore plus ses forces que celles du royaume, entreprend de faire de sa nation ce qu'Epaminondas, son modèle, avait fait de la sienne. De légers avantages apprennent aux troupes s'estimer assez pour oser se défendre; aux Macédoniens à ne plus désespérer du salut de l'Etat. Il marche ensuite contre Argée, le défait, et renvoie sans rançon les prisonniers athéniens.

Après bien des révolutions, Amphipolis était tombée entre les mains de Perdiccas, frère de Philippe. On ne pouvait la restituer à ses anciens maîtres sans la rétablir en Macédoine; la garder sans y attirer leurs armes. Philippe la déclare indépendante, et signe avec les Athéniens un traité de paix, où il n'est fait aucune mention de cette ville.

J'ai dit que les Athéniens furent obligés de fermer les yeux sur les premières hostilités de Philippe. La ville de Byzance et celle de Chio, de Cos et de Rhodes venaient de se liguer pour se soustraire à leur dépendance. La guerre commença par le siége de Chio. Chabrias commandait la flotte, et Charès les troupes de terre. Le premier jouissait d'une réputation acquise par de nombreux exploits. On lui reprochait seulement d'exécuter avec trop de chaleur les projets formés avec trop de cisconspection.

A la vue de Chio, Chabrias, incapable de modérer son ardeur, fit force de rames; il entra seul dans le port, et fut aussitôt investi par la flotte ennemie. Après une longue résistance, ses soldats se jetèrent à la nage pour gagner les autres qui venaient à leur secours. Il pouvait suivre leur exemple, mais il aima mieux périr que d'abandonner son vaisseau.

Le siége de Chio fut entrepris et levé. La guerre dura pendant quatre ans. Nous verrons dans la suite comment elle fut terminée.

XXIV

Des fêtes des Athéniens. — Les Panathénées. — Les Dionysiaques.

Les premières fêtes des Grecs furent caractérisés par la joie et la reconnaissance. Plusieurs fêtes des Athéniens se ressentent de cette origine : ils célèbrent le retour de la verdure, des moissons, de la vendange et des quatre saisons de l'année ; et comme ces hommes s'adressent à Cérés ou à Bacchus, les fêtes de ces divinités sont en plus grand nombre que celles des autres.

Dans la suite, le souvenir des événements utiles ou curieux fut fixé à des jours marqués pour être perpétué à jamais. Parcourez les mois de l'année des Athéniens, vous y trouverez un abrégé de leurs annales et les principaux faits de leur gloire.

Les solennités publiques reviennent tous les ans ou après un certain nombre d'années. On distingue celles qui, dès les premiers temps, furent établies dans le pays, et celles qu'on a récemment empruntées des autres peuples. Quelques-unes se célèbrent avec une extrême magnificence. J'ai vu en certaines occasions jusqu'à trois cents bœufs traînés pompeusement aux autels. Plus de quatre-vingts jours enlevés à l'industrie et aux travaux de la campagne sont remplis par des spectacles qui attachent le peuple à la religion ainsi qu'au gouvernement. Ce sont des sacrifices qui inspirent le respect par l'appareil pompeux des cérémonies, des processions où la jeunesse de l'un et de l'autre sexe étale tous ses attraits, des pièces de Théâtre, fruit des plus beaux génies de la Grèce ; des danses, des chants, des combats où brillent tour à tour l'adresse et les talents.

Tout ce qui concerne les spectacles est prévu et fixé par les lois. Elles déclarent inviolables, pendant le temps des fêtes, la personne du chorège et celle des acteurs ; elles règlent le nombre des solennités où l'on doit donner au peuple les diverses espèces de jeux dont il est si avide. Telles sont entre autres les panathénées et les grandes dionysiaques ou dionysiaques de la ville.

XXIII

vénements remarquables arrivés dans la Grèce depuis l'an 361 jusqu'à
l'an 557 avant Jésus-Christ. — Mort d'Agésilas, roi de Lacédémone. —
Avènement de Philippe au trône de Macédoine. — Guerre sociale.

Pendant que nous étions aux jeux pythiques, nous entendîmes plus
d'une fois parler de la dernière expédition d'Agésilas : à notre retour,
nous apprimes sa mort.

Tachos, roi d'Egypte, prêt à faire une irruption en Perse, assembl
une armée de quatre-vingt mille hommes, et voulut la soutenir par
un corps de dix mille Grecs, parmi lesquels se trouvèrent mille Lacédémoniens commandés par Agésilas. On fut étonné de voir ce prince, à
l'âge de plus de quatre-vingts ans, se transporter au loin pour se
mettre à la solde d'une puissance étrangère. Mais Lacédémone voulait
se venger de la protection que le roi de Perse accordait aux Messéniens ; elle prétendait avoir des obligations à Tachos ; elle espérait
aussi que cette guerre rendrait la liberté aux villes grecques de
l'Asie.

ces motifs, qui n'étaient peut-être que des prétextes pour Agésilas, se joignaient des considérations qui lui étaient personnelles.
Comme son âme active ne pouvait supporter l'idée d'une vie paisible
et d'une mort obscure, il vit tout à coup une nouvelle carrière s'ouvrir à ses talents ; et il saisit avec d'autant plus de plaisir l'occasion de
relever l'éclat de sa gloire, ternie par les exploits d'Epaminondas, que
Tachos s'était engagé à lui donner le commandement de toute
l'armée.

Il partit. Les Egyptiens l'attendaient avec impatience. Au bruit de
son arrivée, les principaux de la nation, mêlés avec la multitude, s'empressent de se rendre auprès d'un héros qui depuis un si grand nombre d'années remplissait la terre de son nom. Ils trouvent sur le rivage
un petit vieillard d'une figure ignoble, assis par terre au milieu de

quelques Spartiates, dont l'extérieur, aussi négligé que le sien, ne distinguait pas les sujets du souverain. Les officiers de Tachos étaient à ses yeux les présents de l'hospitalité : c'étaient diverses espèces de provisions. Agésilas choisit quelques aliments grossiers, et fait distribuer aux esclaves les mets les plus délicats, ainsi que les parfums. Un rire immodéré s'élève alors parmi les spectateurs. Les plus sages d'entre eux se contentent de témoigner leur mépris, et de rappeler la fable de la montagne en travail.

Des dégoûts plus sensibles mirent bientôt sa patience à une plus rude épreuve. Le roi d'Egypte refusa de lui confier le commandement de ses troupes. Il n'écoutait point ses conseils et lui faisait essuyer tout ce qu'une hauteur insolente et une folle vanité ont de plus offensant. Agésilas attendait l'occasion de sortir de l'avilissement où il s'était réduit. Elle ne tarda pas à se présenter. Les troupes de Tachos s'étant révoltées formèrent deux partis qui prétendaient tous deux lui donner un successeur. Agésilas se déclara pour Nectanèbe, l'un des prétendants au trône. Il le dirigea dans ses opérations ; et, après avoir affermi son autorité, il sortit de l'Egypte comblé d'honneurs, et avec une somme de deux cent trente talents, que Nectanèbe envoyait aux Lacédémoniens. Une tempête violente l'obligea de relâcher sur une côte déserte de la Libye, où il mourut âgé de quatre-ving-quatre ans.

Les Macédoniens n'avaient eu jusqu'alors que de faibles rapports avec la Grèce, qui ne les distinguait pas des peuples barbares dont ils sont entourés, et avec lesquels ils étaient perpétuellement en guerre. Leurs souverains n'avaient été admis autrefois au concours des jeux olympiques qu'en produisant les titres qui faisaient remonter leur origine jusqu'à Hercule.

Archelaüs voulut introduire dans ses Etats l'amour des lettres et des arts. Euripide fut appelé à sa cour, et il dépendit de Socrate d'y trouver un asile.

Le dernier de ces princes, Perdiccas, fils d'Amyntas, venait de périr, avec la plus grande partie de son armée, dans un combat qu'il avait livré aux Illyriens. A cette nouvelle, Philippe son frère, que j'avais vu en ótage chez les Thébains, trompa la vigilance de ses gardes, se rendit à Macédoine, et fut nommé tuteur du fils de Perdiccas.

Deux concurrents également redoutables, tous deux de la maison

On montre aux étrangers les maisons de Miltiade, d'Aristide, de Thémistocle, et des grands hommes du siècle dernier. On a pris le parti d'aligner les rues, de séparer les nouvelles maisons en deux corps de logis, d'y placer au rez-de-chaussée les appartements du mari et de la femme, de les rendre plus commodes par de sages distributions, et plus brillantes par les ornements qu'on y multiplie.

Telle était celle qu'occupait Dinias, un de plus riches et des plus voluptueux citoyens d'Athènes. Il étalait un faste qui détruisit bientôt sa fortune. Trois ou quatre esclaves marchaient toujours à sa suite. Sa femme Lysistrate ne se montrait que sur un char attelé de quatre chevaux blancs de Sicyone. Ainsi que d'autres Athéniens, il se faisait servir par une femme de chambre qui partageait les droits de son épouse; et il entretenait en ville une maîtresse qu'il avait la générosité d'affranchir ou d'établir avant de la quitter. Pressé de jouir et de faire jouir ses amis, il leur donnait souvent des repas et des fêtes.

Je ne ferai point le détail d'un repas qui nous fournissait à tous moments de nouvelles preuves de l'opulence et des prodigalités de Dinias ; il suffira d'en donner une idée générale.

On nous présenta d'abord plusieurs espèces de coquillages ; les uns tels qu'ils sortent de la mer, d'autres cuits sous la cendre ou frits dans la poêle, la plupart assaisonnés de poivre et de cumin. On servit en même temps des œufs frais, soit de poules soit de paons : ces derniers sont plus estimés; des andouilles, des pieds de cochon, un foie de sanglier, une tête d'agneau, de la fraise de veau ; le ventre d'une truie assaisonné de cumin, de vinaigre et de silphium, de petits oiseaux, sur lesquels on jeta une sauce toute chaude, composée de fromage râpé, d'huile, de vinaigre et de silphium. On donna, au second service, ce qu'on trouve de plus exquis en gibier, en volaille, et surtout en poisso s. Des fruits composèrent le troisième service.

Parmi cette multitude d'objets qui s'offraient à nos yeux, chacun de nous eut la liberté de choisir ce qui pouvait flatter le plus le goût de ses amis, et de le leur envoyer : c'est un devoir auquel on ne manque guère dans les repas de cérémonie.

Dès le commencement du souper, Démocharès prit une coupe, l'appliqua légèrement à ses lèvres, et la fit passer de main en main. Nous goûtâmes de la liqueur chacun à notre tour. Ce premier coup est regardé comme le symbole et le garant de l'amitié qui doit unir les convives. D'autres le suivirent de près, et se réglèrent sur les santés que que Démocharès portait tantôt à l'un, tantôt à l'autre, et que nous lui rendions sur-le-champ.

Vive et gaie, sans interruption et sans objet, la conversation avait insensiblement amené des plaisanteries sur les soupers des gens d'esprit et des philosophes, qui perdent un temps si précieux, les uns à se surprendre par des énigmes et des logogriphes, les autres à traiter méthodiquement des questions de morale et de métaphysique. Pour ajouter un trait au tableau du ridicule, Démocharès proposa de déployer les connaissances que nous avions sur le choix des mets les plus agréables au goût, sur l'art de les préparer, sur la facilité de se les procurer à Athènes. Comme il s'agissait de représenter les banquets des sages, il fut dit que chacun parlerait à son tour, et traiterait son sujet avec beaucoup de gravité, sans s'appesantir sur les détails, sans les trop négliger.

C'était à moi de commencer ; mais, peu familiarisé avec la matière qu'on allait discuter, j'étais sur le point de m'excuser, lorsque Démocharès me pria de leur donner une idée des repas des Scythes. Je répondis en peu de mots qu'ils ne se nourrissaient que de miel et de lait de vache ou de jument, qu'ils s'y accoutumaient si bien dès leur naissance, qu'ils se passaient de nourrices ; qu'ils recevaient le lait dans de grands seaux ; qu'ils le battaient longtemps pour en séparer la partie la plus délicate, et qu'ils destinaient à ce travail ceux de leurs ennemis que le sort des armes faisait tomber entre leurs mains : mais je ne dis pas que, pour ôter à ces malheureux la liberté de s'échapper, on les privait de la vue.

Après d'autres particularités que je supprime, Léon prenant la parole, dit : On reproche sans cesse aux Athéniens leur frugalité ; il est vrai que nos repas sont, en général, moins longs et moins somptueux que ceux des Thébains et de quelques autres peuples de la Grèce ; mais nous avons commencé à suivre leurs exemples, bientôt ils suivront les nôtres. Nous ajoutons tous les jours des raffinements aux délices de la table, et nous voyons insensiblement disparaître notre ancienne simplicité, avec toutes ces vertus patriotiques que le besoin avait fait naître, et qui ne sauraient être de tous les temps. Que nos orateurs nous rappellent tant qu'ils voudront les combats de Marathon et de Salamine, que les étrangers admirent les monuments qui décorent cette ville ; Athènes offre à mes yeux un avantage plus réel ; c'est l'abondance dont on y jouit toute l'année ; c'est ce marché où viennent chaque jour se

J'allai aux Tuileries, pour voir passer la pompe qui s'était formée hors des murs, et qui commençait à défiler. Elle était composée de plusieurs classes de citoyens couronnés de fleurs, et remarquables par leur beauté. C'étaient des vieillards dont la figure était imposante, et qui tenaient des rameaux d'olivier ; des hommes faits qui, armés de lances et de boucliers, semblaient respirer les combats ; des garçons qui n'étaient âgés que de dix-huit à vingt ans, et qui chantaient des hymnes en l'honneur de la déesse ; de jolis enfants couverts d'une simple tunique, et parés de leurs grâces naturelles ; des filles enfin qui appartenaient aux premières familles d'Athènes, et dont les traits, la taille et la démarche attiraient tous les regards. Leurs mains soutenaient sur leurs têtes des corbeilles qui, sous un voile éclatant, renfermaient des instruments sacrés, des gâteaux, et tout ce qui peut servir aux sacrifices. Des suivantes, attachées à leurs pas, d'une main tendaient un parasol au-dessus d'elles, et de l'autre tenaient un pliant. C'est une servitude imposée aux filles des étrangers établis à Athènes, servitudes que partagent leurs pères et leurs mères. En effet, les uns et les autres portaient sur leurs épaules des vases remplis d'eau et de miel pour faire des libations.

Sur le même soir, je me laissai entraîner à l'Académie, pour voir la course du flambeau. La carrière n'a que six à sept stades de longueur : elle s'étend depuis l'autel de Prométhée, qui est à la porte de ce jardin, jusqu'aux murs de la ville. Plusieurs jeunes gens sont placés dans cet intervalle à des distances égales. Quand les cris de la multitude ont donné le signal, le premier allume le flambeau sur l'autel et le porte en courant au second, qui le transmet de la même manière au troisième, et ainsi successivement. Ceux qui le laissent éteindre ne peuvent plus concourir. Ceux qui ralentissent leur marche sont livrés aux railleries et même aux coups de la populace. Il faut, pour remporter le prix, avoir parcouru les différentes stations. Cette espèce de combat se renouvela plusieurs fois. Il se diversifie suivant la nature des fêtes.

Ceux qui avaient été couronnés dans les différents exercices invitèrent leurs amis à souper. Il se donna dans le Prytanée et dans d'autres lieux publics de grands repas, qui se prolongèrent jusqu'au jour suivant. Le peuple, à qui on avait distribué des victimes immolées, dressait partout des tables et faisait éclater une joie vive et bruyante.

Tant que durent les fêtes, la moindre violence contre un citoyen est en crime, et toute poursuite contre un débiteur est interdite. Les jours suivants, les délits et les désordres qu'on y a commis sont punis avec sévérité.

Les femmes seules participent aux fêtes d'Adonis et à celles qui, sous le nom de thesmophories, se célèbrent en l'honneur de Cérès et de Proserpine : les unes et les autres sont accompagnées de cérémonies que j'ai déjà décrites plusieurs fois. Je ne dirai qu'un mot des dernières : elles reviennent tous les ans au mois de pyanepsion, et durent plusieurs jours.

Parmi les objets dignes de fixer l'attention, je vis des Athéniennes, femmes et filles, se rendre à Eleusis, y passer une journée entière dans le temple, assises par terre et observant un jeune austère. Pourquoi cette abstinence? dis-je à l'une de celles qui avaient présidé à la fête. Elle me répondit : Parce que Cérès ne prit point de nourriture pendant qu'elle cherchait sa fille Proserpine. Je lui demandai encore : Pourquoi en allant à Eleusis, portiez-vous des livres sur vos têtes! — Ils contiennent les lois que nous croyons avoir reçues de Cérès. — Pourquoi, dans cette procession brillante, où l'air retentissait de vos chants, conduisiez-vous une grande corbeille sur un char attelé de quatre chevaux blancs? — Elle renfermait, entre autres choses, des grains dont nous devons la culture à Cérès; c'est ainsi qu'aux fêtes de Minerve nous portons des corbeilles pleines de flocons de laine, parce que c'est elle qui nous a appris à la filer. Le meilleur moyen de reconnaître un bienfait est de s'en souvenir sans cesse, et de le rappeler quelquefois à son auteur.

XXV

Des maisons et des repas des Athéniens.

La plupart des maisons sont composées de deux appartements, l'un en haut pour les femmes, l'autre en bas pour les hommes, et couvertes de terrasses dont les extrémités ont une grande saillie. On en compte plus de dix mille à Athènes.

bibliothèque, et celui que je préfère à tous est la Gastronomie d'Archestrate. Cet auteur, qui fut l'ami d'un des fils de Périclès, avait parcouru les terres et les mers pour connaître par lui-même ce qu'elles produisent de meilleur. Il s'instruisait dans ses voyages, non des mœurs des peuples, dont il est inutile de s'instruire, puisqu'il est impossible de les changer; mais il entrait dans les laboratoires où se préparent les délices de la table, et il n'eut de commerce qu'avec les hommes utiles à ses plaisirs. Son poème est un trésor de lumières, et ne contient pas un vers qui ne soit un précepte.

Les chansons de table ne renfermèrent d'abord que des expressions de reconnaissance, ou des leçons de sagesse. Nous y célébrions et nous y célébrons encore les dieux, les héros et les citoyens utiles à leur patrie. A des sujets si graves, on joignit ensuite l'éloge du vin ; et la poésie, chargée de le tracer avec les couleurs les plus vives, peignit en même temps cette confusion d'idées, ces mouvements tumultueux qu'on éprouve avec ses amis à l'aspect de la liqueur qui pétille dans les coupes. De là tant de chansons bachiques semées de maximes, tantôt sur le bonheur et sur la vertu, tantôt sur l'amour et sur l'amitié. C'est en effet à ces deux sentiments que l'âme se plaît à revenir quand elle ne peut plus contenir la joie qui la pénètre.

Plusieurs auteurs se sont exercés dans ce genre de poésie ; quelques-uns s'y sont distingués : Alcée et Anacréon l'ont rendu célèbre. Il n'exige point d'effort, parce qu'il est ennemi des prétentions. On peut employer, pour louer les dieux et les héros, la magnificence des expressions et des idées ; mais il n'appartient qu'au délire et aux grâces de peindre le sentiment et le plaisir.

Livrons-nous au transport que cet heureux moment inspire, ajouta Démocharès ; chantons tous ensemble ou tour à tour, et prenons dans nos mains des branches de laurier et de myrte.

Nous exécutâmes aussitôt ses ordres ; et, après plusieurs chansons assorties à la circonstance, tout le chœur entonna celle d'Harmodius et d'Aristogiton. Démocharès nous accompagnait par intervalle ; mais, saisi tout à coup d'un nouvel enthousiasme, il s'écrie : Ma lyre rebelle se refuse à de si nobles sujets ; elle réserve ses accords pour le chantre du vin et des amours. Voyez comme au souvenir d'Anacréon ces cordes frémissent et rendent des sons plus harmonieux ! O mes amis ! que le vin coule à grands flots ; unissez vos voix à la mienne, et prêtez-vous à la variété des modulations.

Buvons, chantons Bacchus ; il se plaît à nos danses, il se plaît à nos chants ; il étouffe l'envie, la haine et les chagrins : aux grâces séduisantes, aux amours enchanteurs il donna la naissance. Aimons, buvons, chantons Bacchus.

L'avenir n'est point encore, le présent n'est bientôt plus : le seul instant de la vie est l'instant où l'on jouit. Aimons, buvons, chantons Bacchus.

Sages dans nos folies, riches de nos plaisirs, foulons aux pieds la terre et ses vaines grandeurs ; et dans la douce ivresse que des moments si beaux font couler dans nos âmes, buvons, chantons Bacchus.

Cependant nous entendîmes un grand bruit à la porte, et nous vîmes entrer Calliclès, Nicostrade et d'autres jeunes gens qui nous amenaient des danseuses et des joueuses de flûte avec lesquelles ils avaient soupé. Aussitôt la plupart des convives sortirent de table et se mirent à danser ; car les Athéniens aiment cet exercice avec tant de passion qu'ils regardent comme une impolitesse de ne pas s'y livrer quand l'occasion l'exige. Dans le même temps on apporta plusieurs hors-d'œuvres propres à exciter l'appétit, tels que des cercopes et des cigales, des raves coupées par morceaux et confites au vinaigre et à la moutarde, des pois chiches rôtis, des olives qu'on avait tirées de leur saumure.

Ce nouveau service, accompagné d'une nouvelle provision de vin et de coupes, plus grandes que celles dont on s'était servi d'abord, annonçait des excès qui furent honteusement réprimés par un spectacle inattendu. A l'arrivée de Calliclès, Théotime était sorti de la salle. Il revint suivi de joueurs de gobelets et de ces farceurs qui, dans les places publiques, amusent la populace par leurs prestiges.

On desservit un moment après. Nous fîmes des libations en l'honneur du bon Génie et de Jupiter Sauveur ; et après que nous eûmes lavé nos mains dans une eau où l'on avait mêlé des odeurs, nos baladins commencèrent leurs tours. L'un arrangeait sous des cornets un certain nombre de coquilles ou de petites boules, et, sans découvrir son jeu, il les faisait paraître ou disparaître à son gré. Un autre écrivait ou lisait en tournant avec rapidité sur lui-même. J'en vis dont la bouche vomissait des flammes, ou qui marchaient la tête en bas, appuyés sur leurs mains, et figurant avec leurs pieds les gestes des danseurs. Une femme parut tenant à la main douze cerceaux de réunir les meilleures productions des îles et du continent. Je ne crains pas de le dire, il n'est point de pays où il soit plus facile de faire bonne chère ; je n'en excepte pas même la Sicile.

Nous n'avons rien à désirer à l'égard de la viande de boucherie et de la volaille. Nos basses-cours, soit à la ville, soit à la campagne, sont abondamment fournies de chapons, de pigeons, de canards, de poulets et d'oies, que nous avons l'art d'engraisser. Les saisons nous ramènent successivement les becfigues, les cailles, les grives, les alouettes, les rouge-gorges, les ramiers, les tourterelles, les bécasses et les francolins. Le Phase nous a fait connaître les oiseaux qui font l'ornement de ses bords, qui font à plus juste titre l'ornement de nos tables : ils commencent à se multiplier parmi nous dans les faisanderies qu'ont formés de riches particuliers. Nos plaines sont couvertes de lièvres et de perdrix ; nos collines, de thym, de romarin, et de plantes propres à donner au lapin du goût et du parfum. Nous tirons, des forêts voisines, des marcassins et des sangliers ; et de l'île de Mélos, les meilleurs chevreuils de la Grèce.

La mer, dit alors Zopire, attentive à payer le tribut qu'elle doit à ses maîtres, enrichit nos tables de poissons délicats. Nous avons le murène, la dorade, la vive, le xiphias, le pagre, l'alose, et des thons en abondance.

Aux ressources de la mer ajoutons celles des lacs de la Béotie. Ne nous apporte-t-on pas tous les jours des anguilles du lac Copaï, aussi distinguées par leur délicatesse que par leur grosseur ? Enfin nous pouvons mettre au rang de nos véritables richesses cette étonnante quantité de poissons salés qui nous viennent de l'Hellespont, de Byzance, et des côtes du Pont-Euxin.

Léon et Zopyre, dit Philotas, ont traité des aliments qui font la base d'un repas. Ceux du premier et du troisième service exigeraient des connaissances plus profondes que les miennes, et ne prouveraient pas moins les avantages de notre climat. Les langoustes et les écrevisses sont aussi communes parmi nous que les moules, les huîtres, les oursins ou hérissons de mer. Ces derniers se préparent quelquefois avec l'oxymel, le persil et la menthe. Ils sont délicieux quand on les pêche dans la pleine lune, et ne méritent en aucun temps les reproches que leur faisait un Lacédémonien qui, n'ayant jamais vu ce coquillage, prit le parti de le porter à sa bouche, et d'en dévorer les pointes tranchantes.

Le tour du parasite étant venu, nous redoublâmes d'attention. Il commença de cette manière :

Le pain que l'on sert sur nos tables, celui même que l'on vend au marché, est d'une blancheur éblouissante et d'un goût admirable. L'art de le préparer fut, dans le siècle dernier, perfectionné en Sicile par Théarion; il s'est maintenu parmi nous dans tout son éclat, et n'a pas peu contribué aux progrès de la pâtisserie. Nous avons aujourd'hui mille moyens pour convertir toutes sortes de farines en une nourriture aussi saine qu'agréable. Joignez à la farine de froment un peu de lait, d'huile et de sel, vous aurez ces pains si délicats dont nous devons la connaissance aux Cappadociens. Pétrissez-la avec du miel, réduisez votre pâte en feuilles minces et propres à se rouler à l'aspect du brasier, vous aurez ces gâteaux qu'on vient de vous offrir, et que vous avez trempés dans le vin ; mais il faut les servir tout brûlants. Ces globules si doux et si légers qui les ont suivis de près se font dans la poêle avec de la farine de sésame, du miel et de l'huile. Prenez de l'orge mondé, brisez les grains dans un mortier, mettez-en la farine dans un vase, versez-y de l'huile, remuez cette bouillie pendant qu'elle cuit lentement sur le feu, nourrissez-la par intervalles avec du jus de poularde ; ou de chevreau, ou d'agneau, prenez garde surtout qu'elle ne se répande au-dehors, et quand elle est au juste degré de cuisson, servez. Nous avons pes gâteaux faits simplement avec du lait et du miel; d'autres où l'on joint au miel la farine de sésame, et le fromage ou l'huile. Nous en avons enfin dans lesquels on renferme des fruits de différentes espèces. Les pâtés de lièvre sont dans le même genre, ainsi que les pâtés de becfigues, de ces petits oiseaux qui voltigent dans les vignes.

En prononçant ces mots, Philonide s'empara d'une tourte de raisins et d'amandes qu'on venait d'apporter, et ne voulut plus reprendre son discours.

Notre attention ne fut pas longtemps suspendue. Théotime prit aussitôt la parole.

Quantité d'auteurs, dit-il, on écrit sur l'art de la cuisine, sur le premier des arts, puisque c'est celui qui procure des plaisirs plus fréquents et plus durables. Tels son Mithæcus, qui nous a donné le cuisinier sicilien ; Numénius d'Héraclée, Hégémon de Thasos, Philoxène de Leucade, Actidès de Chio, Tyndaricus de Sicyone. J'en pourrais citer plusieurs autres, car j'ai tous leurs ouvrages dans ma surtout chez les maîtres destinés à lui donner les premiers éléments des sciences.

L'éducation, pour être conforme au génie du gouvernement, doit imprimer dans les cœurs des jeunes citoyens les mêmes sentiments et les mêmes principes. Aussi les anciens législateurs les avaient-ils assujétis à une institution commune. La plupart sont aujourd'hui élevés dans le sein de leur famille, ce qui choque ouvertement l'esprit de la démocratie. Dans l'éducation particulière, un enfant lâchement abandonné aux flatteries de ses parents et de leurs esclaves se croit distingué de la foule, parce qu'il en est séparé : dans l'éducation commune l'émulation est plus générale, les états s'égalisent ou se rapprochent. C'est là qu'un jeune homme apprend chaque jour, à chaque instant, que le mérite et les talents peuvent seuls donner une supériorité réelle : Cette question est plus facile à décider qu'une foule d'autres qui partagent inutilement les philosophes.

Parmi les instituteurs auxquels on confie la jeunesse d'Athènes, il n'est pas rare de rencontrer des hommes d'un mérite distingué. Tel fut autrefois Damon, qui donna des leçons de musique à Socrate, et de politique à Périclès. Tel était de mon temps Philotime. Il avait fréquenté l'école de Platon, et joignait à la connaissance des arts les lumières d'une saine philosophie. Appollodore, qui l'aimait beaucoup, était parvenu à lui faire partager les soins qu'il donnait à l'éducation de son fils.

Dans les commencements, lorsque Lysis parlait, qu'il lisait, ou qu'il déclamait quelque ouvrage, j'étais surpris de l'extrême importance qu'on mettait à diriger sa voix, tantôt pour en varier les inflexions, tantôt pour l'arrêter sur une syllabe, ou la précipiter sur une autre. Philotime, à qui je témoignai ma surprise, la dissipa de cette manière :

Nos premiers législateurs comprirent aisément que c'était par l'imagination qu'il fallait parler aux Grecs, et que la vertu se persuadait mieux par le sentiment que par les préceptes. Ils nous annoncèrent des vérités parées de charmes de la poésie et de la musique. Nous apprenions nos devoirs dans les amusements de notre enfance : nous chantions les bienfaits des dieux, les vertus des héros. Nos mœurs s'adoucirent à force de séduction ; et nous pouvons nous glorifier aujourd'hui de ce que les Grâces elles-mêmes ont pris soin de nous former

Je rendrai compte dans une autre occasion des entretiens que j'eus avec Philotime au sujet de la musique. J'assistais quelquefois aux leçons qu'il en donnait à son élève. Lysis apprit à chanter avec goût en s'accompagnant de la lyre. On éloigna de lui les instruments qui agitent l'âme avec violence, ou qui ne servent qu'à l'amollir. La flûte, qui excite et apaise tour à tour les passions, lui fut interdite. Il n'y a pas longtemps qu'elle faisait les délices des Athéniens les plus distingués. Alcibiade, encore enfant, essaya d'en jouer ; mais, comme les efforts qu'il faisait pour en tirer des sons altéraient la douceur et la régularité de ses traits, il mit sa flûte en mille morceaux. Dès ce moment la jeunesse d'Athènes regarda le jeu de cet instrument comme un exercice ignoble, et l'abandonna aux musiciens de profession.

Ce fut vers ce temps-là que je partis pour l'Égypte : avant mon départ, je priai Philotime de mettre par écrit les suites de cette éducation, et c'est d'après son journal que je vais en continuer l'histoire. Lysis passa successivement sous différents maîtres. Il apprit à la fois l'arithmétique par principes et en se jouant : car, pour en faciliter l'étude aux enfants, on les accoutume tantôt à partager entre eux selon qu'ils sont en plus grand ou en plus petit nombre, une certaine quantité de pommes et de couronnes ; tantôt à se mêler dans leurs exercices, suivant des combinaisons données, de manière que le même occupe chaque place à son tour.

Lysis prit une teinture de ces deux sciences. Avec le secours de la première, placé un jour à la tête des armées il pourrait plus aisément asseoir un camp, presser un siége, ranger des troupes en bataille, les faire rapidement mouvoir dans une marche ou dans une action. La seconde devait le garantir des frayeurs que les éclipses et les phénomènes extraordinaires inspiraient il n'y a pas longtemps aux soldats.

Apollodore se rendit une fois chez un des professeurs de son fils. Il y trouva des instruments de mathématiques, des sphères, des globes, et des tables où l'on avait tracé les limites des différents empires de la position des villes les plus célèbres. Comme il avait appris que son fils parlait souvent à ses amis d'un bien que sa maison possédait dans le canton de Céphissie, il saisit cette occasion pour lui donner la même leçon qu'Alcibiade avait reçu de Socrate. Montrez-moi sur cette carte de la terre, lui dit-il, où sont l'Europe, la Grèce, l'Attique. Lysis sa-

.ıronze : dans leur circonférence roulaient plusieurs petits animaux de même métal ; elle dansait, jetant en l'air et recevant successivement les douze cerceaux. Une autre se précipitait au milieu de plusieurs épées nues. Ces jeux, dont quelques-uns m'intéressaient sans me plaire, s'exécutaient presque tous au son de la flûte.

XXVI

De l'éducation des Athéniens.

Parmi plusieurs de ces nations que les Grecs appellent barbares, le jour de la naissance d'un enfant est un jour de deuil pour sa famille. Assemblée autour de lui, elle le plaint d'avoir reçu le funeste présent de la vie. Ces plaintes effrayantes ne sont que trop conformes aux maximes des sages de la Grèce. Quand on songe, disent-ils, à la destinée qui attend l'homme sur la terre, il faudrait arroser de pleurs son berceau.

Cependant, à la naissance du fils d'Apollodore, je vis la tendresse et la joie éclater dans les yeux de tous ses parents ; je vis suspendre sur la porte de la maison une couronne d'olivier, symbole de l'agriculture, à laquelle l'homme est destiné. Si ç'eût été une fille, une bandelette de laine, mise à la place de la couronne, aurait désigné l'espèce de travaux dont les femmes doivent s'occuper. Cet usage, qui retrace les mœurs anciennes, annonce à la république qu'elle vient d'acquérir un citoyen. Il annonçait autrefois les devoirs du père et de la mère de famille.

Autrefois le rang le plus distingué ne dispensait pas une mère de nourrir son enfant ; aujourd'hui elle se repose de ce devoir sacré sur une esclave. Cependant, pour corriger le vice de sa naissance, on l'attache à la maison, et la plupart des nourrices deviennent les amies et les confidentes des filles qu'elles ont élevés.

Comme le nourrices de Lacédémone sont très-renommées dans la Grèce, Apollodore en avait fait venir une à laquelle il confia son fils. En le recevant, elle se garda bien de l'emmailloter et d'enchaîner ses membres par des machines dont on use en certains pays, et qui ne servent souvent qu'à contrarier la nature.

Comme beaucoup d'enfants meurent de convulsions d'abord après leur naissance, on attend le septième, et quelquefois le dixième jour, pour leur donner un nom. Apollodore ayant rassemblé ses parents, ceux de sa femme et leurs amis, dit en leur présence qu'il donnait à son fils le nom de son père Lysis; car, suivant l'usage, l'aîné d'une famille porte le nom de son aïeul. Cette cérémonie fut accompagnée d'un sacrifice et d'un repas. Elle précéda de quelques jours une cérémonie plus sainte, celle de l'initiation aux mystères d'Éleusis. Persuadés qu'elle procure de grands avantages après la mort, les Athéniens se hâtent de la faire recevoir à leurs enfants. Le quarantième jour, Épicharis releva de couches. Ce fut un jour de fête dans la maison d'Apollodore.

Ces deux époux, après avoir reçu de leurs amis de nouvelles marques d'intérêt, redoublèrent de soins pour l'éducation de leur fils. Leur premier objet fut de lui former un tempérament robuste, et de choisir parmi les pratiques en usage les plus conformes au vœu de la nature et aux lumières de la philosophie. Deidamie (c'était le nom de la nourrice ou gouvernante) écoutait leurs conseils, et les éclairait eux-mêmes de son expérience.

Dès que l'enfant put se tenir sur ses jambes, Deidamie le fit marcher, toujours prête à lui tendre une main secourable. Je la vis ensuite mettre dans ses mains de petits instruments dont le bruit pouvait l'amuser ou le distraire : circonstance que je ne relèverais pas, si le plus commode de ces instruments n'était de l'invention du célèbre philosophe Archytas, qui écrivait sur la nature de l'univers, et s'occupait de l'éducation des enfants.

Suivant le conseil des personnes sages, il ne faut prescrire aux enfants, pendant les cinq premières années, aucun travail qui les applique : leurs jeux doivent seuls les intéresser et les animer. Ce temps accordé à l'accroissement et à l'affermissement du corps, Apollodore le prolongea d'une année en faveur de son fils, et ce ne fut qu'à la fin de la sixième qu'il le mit sous la garde d'un conducteur ou pédagogue. C'était un esclave de confiance chargé de le suivre en tous lieux, et

tisfit à ces questions ; mais Apollodore ayant ensuite demandé où était le bourg de Céphissie, son fils répondit en rougissant qu'il ne l'avait pas trouvé. Ses amis sourirent, et depuis il ne parla plus des possessions de son père.

Il brûlait du désir de s'instruire : mais Apollodore ne perdait pas de vue cette maxime d'un roi de Lacédémone ; qu'il ne faut enseigner aux enfants que ce qui pourra leur être utile dans la suite ; ni cette autre maxime : que l'ignorance est préférable à une multitude de connaissances confusément entassées dans l'esprit.

En même temps Lysis apprenait à traverser les rivières à la nage, et à dompter un cheval. La danse réglait ses pas, et donnait de la grâce à tous ses mouvements. Il se rendait assidûment au gymnase du Lycée. Les enfants commencent leurs exercices de très-bonne heure, quelquefois même à l'âge de sept ans ; ils les continuent jusqu'à celui de vingt. On les accoutume d'abord à supporter le froid, le chaud, à toutes les intempéries des saisons, ensuite à pousser des balles de différentes grosseurs, à se les renvoyer mutuellement. Ce jeu et d'autres semblables ne sont que les préludes des épreuves laborieuses qu'on leur fait subir à mesure que leurs forces augmentent. Ils courent sur un sable profond, lancent des javelots, sautent au-delà d'un fossé ou d'une borne, tenant dans leurs mains des masses de plomb, jetant en l'air ou devant eux des plats de pierre ou de bronze. Ils fournissent en courant une ou plusieurs fois la carrière du stade, souvent couverts d'armes pesantes. Ce qui les occupe le plus, c'est la lutte, le pugilat, et les divers combats que je décrirai en parlant des jeux olympiques. Lysis, qui s'y livrait avec passion, était obligé d'en user sobrement, et d'en corriger les effets par les exercices de l'esprit, auxquels son père le ramenait sans cesse.

Le soir, de retour à la maison, tantôt il s'accompagnait de la lyre, tantôt il s'occupait à dessiner : car, depuis quelques années, l'usage s'est introduit presque partout de faire apprendre le dessin aux enfants de condition libre. Souvent il lisait en présence de son père et de sa mère les livres qui pouvaient l'instruire ou l'amuser.

Ses parents le formaient à cette politesse noble dont ils étaient les modèles : désir de plaire, facilité dans le commerce de la vie ; égalité dans le caractère, attention à céder sa place aux personnes âgées, décence dans le maintien, dans l'extérieur, dans les expressions, dans

Anacharsis   5

les manières ; tout était prescrit sans contrainte, exécuté sans effort.

Son père le menait souvent à la chasse des bêtes à quatre pieds,
parce qu'elle est l'image de la guerre, quelquefois à celle des oiseaux,
mais toujours sur les terres incultes ; pour ne pas détruire les espérances du laboureur.

Il prit quelques leçons d'un maître d'armes ; il s'instruisit de la tactique ; mais il ne fréquenta point ces professeurs ignorants chez qui
les jeunes gens vont apprendre à commander les armées.

Ces différents exercices avaient presque tous rapports à l'art mili-
taire. Mais s'il devait défendre sa patrie, il devait aussi l'éclairer. La
logique, la rhétorique, la morale, l'histoire, le droit civil, la politique l'occupèrent successivement.

La logique prêta de nouvelles forces, et la rhétorique de nouveaux
charmes à sa raison. Mais on l'avertit que l'une et l'autre, destinées
au triomphe de la vérité, ne servaient souvent qu'à celui du men-
songe.

L'histoire de la Grèce l'éclaira sur les prétentions et sur les fautes
des peuples qui l'habitent. Il suivit le barreau en attendant qu'il pût,
à l'exemple de Thémistocle et d'autres grands hommes, y défendre la
cause de l'innocence.

Dans les entretiens qu'on avait en présence de Lysis, Isocrate flat-
tait ses oreilles, Aristote éclairait son esprit, Platon enflammait son
âme. Ce dernier, tantôt lui expliquait la doctrine de Socrate, tantôt
lui développait le plan de sa république ; d'autres fois il lui faisait
sentir qu'il n'existe de véritable élévation, d'entière indépendance,
que dans une âme vertueuse. Plus souvent encore il lui montrait en
détail que le bonheur consiste dans la science du souverain bien, qui
n'est autre chose que Dieu. Ainsi, tandis que d'autres philosophes ne
donnent pour récompense à la vertu que l'estime publique et la félicité passagère de cette vie, Platon lui offrait un plus noble soutien.

La vertu, disait-il, vient de Dieu. Vous ne pouvez l'acquérir qu'en
vous connaissant vous-même, qu'en obtenant la sagesse, qu'en vous
préférant à ce qui vous appartient. Suivez-moi, Lysis. Votre corps,
votre beauté, vos richesses sont à vous, mais ne sont pas à vous.
L'homme est tout entier dans son âme. Pour savoir ce qu'il est et ce

qu'il doit faire, il faut qu'il se regarde dans son intelligence, dans cette partie de l'âme où brille un rayon de la sagesse divine : lumière pure, qui conduit insensiblement ses regards à la source dont elle est émanée. Quand ils y seront parvenus, et qu'il aura contemplé cet exemple éternel de toutes les perfections, il sentira qu'il est de son plus grand intérêt de les retracer en lui-même, et de se rendre semblable à la Divinité, du moins autant qu'une si faible copie peut approcher d'un si beau modèle. Dieu est la mesure de chaque chose, rien de bon ni d'estimable dans le monde, que ce qui a quelque conformité avec lui. Il est souverainement sage, saint et juste, le seul moyen de lui ressembler est de lui plaire, et de se remplir de sagesse, de justice et de sainteté.

Appelé à cette haute destinée, placez-vous au rang de ceux qui, comme le disent les sages, unissent par leurs vertus les cieux avec la terre, les dieux avec les hommes. Que votre vie présente le plus heureux des systèmes pour vous, le plus beau des spectacles pour les autres, celui d'une âme où toutes les vertus sont dans un parfait accord.

Lysis avait dix-sept ans : son âme était pleine de passions, son imagination vive et brillante. Il s'exprimait avec autant de grâce que de facilité. Ses amis ne cessaient de relever ces avantages, et l'avertissaient autant par leurs exemples que par leurs plaisanteries, de la contrainte dans laquelle il avait vécu jusqu'alors. Philotime lui disait un jour : Les enfants et les jeunes gens étaient bien plus surveillés autrefois qu'ils ne le sont aujourd'hui. Il n'opposaient à la rigueur des saisons que des vêtements légers ; à la faim qui les pressait, que les aliments les plus communs. Dans les rues, chez leurs maîtres et leurs parents, ils paraissaient les yeux baissés et avec un maintien modeste. Ils n'osaient ouvrir la bouche en présence des personnes âgées, et on les asservissait tellement à la décence, qu'étant assis, ils auraient rougi de croiser les jambes. Et que résultait-il de cette grossièreté de mœurs ? demanda Lysis. Ces hommes grossiers, répondit Philotime, battirent les Perses et sauvèrent la Grèce. — Nous les battrons encore. — J'en doute, lorsque aux fêtes de Minerve je vois notre jeunesse, pouvant à peine soutenir le bouclier, exécuter nos danses guerrières avec tant d'élégance et de molesse.

Philotime lui demanda ensuite ce qu'il pensait d'un jeune homme qui, dans ses paroles et dans son habillement, n'observait aucun des égards

dus dans la société. — Tous ses camarades l'approuvent, dit Lysis, —
Et tous les gens sensés le condamnent, répliqua Philotime. Mais, reprit
Lysis, par ces personnes sensées, entendez-vous ces vieillards qui ne
connaissent que leurs anciens usages, et qui, sans pitié pour nos faiblesses, voudraient que nous fussions nés à l'âge de quatre-vingts
ans ? Ils pensent d'une façon, et leurs petits-enfants d'une autre. Qui les
jugera ? — Vous-même, dit Philotime. Sans rappeler ici nos principes
sur le respect et la tendresse que nous devons aux auteurs de nos
jours, je suppose que vous êtes obligé de voyager en des pays loin-
tains : choisiriez-vous un chemin sans savoir s'il est praticable, s'il ne
traverse pas des déserts immenses, s'il ne conduit pas chez les nations
barbares, s'il n'est pas en certains endroits, infesté par des brigands ?
— Il serait imprudent de s'exposer à de pareils dangers. Je prendrais
un guide. — Lysis, observez que les vieillards sont parvenus au terme
de la carrière si difficile et si dangereuse. — Je vous entends, dit
Lysis. J'ai honte de mon erreur.

Cependant les succès des orateurs publics excitaient son ambition. Il
entendit par hasard dans le Lycée quelques sophistes disserter longue-
ment sur la politique, et il se crut en état d'éclairer les Athéniens. Il
blâmait avec chaleur l'administration présente ; il attendait, avec la
même impatience que la plupart de ceux de son âge, le moment où il
lui serait permis de monter à la tribune. Son père dissipa cette illusion, comme Socrate avait détruit celle du jeune frère de Platon.

Mon fils, lui dit-il, j'apprends que vous brûlez du désir de parvenir à
la tête du gouvernement. — J'y pense en effet, répondit Lysis en trem-
blant. — C'est un beau projet. S'il réussit, vous serez à portée d'être
utile à vos parents, à vos amis, à votre patrie ; votre gloire s'étendra
non-seulement parmi nous, mais encore dans toute la Grèce, et
peut-être, à l'exemple de celle de Thémistocle, parmi les nations barbares.

Lysis fut effrayé de l'étendue des connaissances nécessaires à l'homme d'état ; mais il ne fut pas découragé. Aristote l'instruisit de la
nature des diverses espèces de gouvernements dont les législateurs
avaient conçu l'idée ; Apollodore, de l'administration, des forces et du
commerce, tant de sa nation que des autres peuples. Il fut décidé
qu'après avoir achevé son éducation, il voyagerait chez tous ceux qui
avaient quelques rapports d'intérêt avec les Athéniens.

J'arrivai alors de Perse, je le trouvai dans sa dix-huitième année.

C'est à cet âge que les enfants des Athéniens passent dans la classe des éphèbes, et sont enrôlés dans la milice : mais pendant les deux années suivantes ils ne servent pas hors de l'Attique. La patrie, qui les regarde désormais comme ses défenseurs, exige qu'ils confirment par un serment solennel leur dévouement à ses ordres.

On sait que les habitants de l'Attique sont distribués en un certain nombre de cantons ou de districts qui, par leurs différentes réunions, forment les dix tribus. A la tête de chaque district est un démarque, magistrat qui est chargé d'en convoquer les membres, et de garder le registre qui contient leurs noms. La famille d'Apollodore était agrégée au canton de Céphissie, qui fait partie de la tribu Erechthéide. Nous trouvâmes dans ce bourg la plupart de ceux qui ont le droit d'opiner dans ces assemblées. Apollodore leur présenta son fils, et l'acte par lequel il avait été déjà reconnu dans sa curie. Après les suffrages recueillis, on inscrivit Lysis dans le registre. Mais comme c'est ici le seul monument qui puisse constater l'âge d'un citoyen, au nom de Lysis, fils d'Apollodore, on joignit celui du premier des archontes, non-seulement de l'année courante, mais encore de celle qui l'avait précédée. Dès ce moment, Lysis eut le droit d'assister aux assemblées, d'aspirer aux magistratures et d'administrer ses biens, s'il venait à perdre son père.

Étant retournés à Athènes, nous allâmes une seconde fois à la chapelle d'Agraule, où Lysis, revêtu de ses armes, renouvela le serment qu'il y avait fait deux ans auparavant.

Je ne dirai qu'un mot sur l'éducation des filles. Suivant la différence des états, elles apprennent à lire, écrire, coudre, filer, préparer la laine dont on fait les vêtements, et veiller aux soins du ménage. Celles qui appartiennent aux premières familles de la république sont élevées avec plus de recherche. Comme dès l'âge de dix ans, et quelquefois de sept, elles paraissent dans les cérémonies religieuses, les unes portant sur leurs têtes les corbeilles sacrées, les autres chantant des hymnes, ou exécutant des danses, divers maîtres les accoutument auparavant à diriger leurs voix et leurs pas. En général, les mères exhortent leurs filles à se conduire avec sagesse ; mais elles insistent beaucoup plus sur la nécessité de se tenir droites, d'effacer leurs épaules, de serrer leur sein avec un large ruban, d'être extrêmement sobres, et de prévenir par toutes sortes de moyens un embonpoint qui nuirait à l'élégance de la taille et à la grâce des mouvements.

XXVII

Suite des mœurs des Athéniens.

J'ai dit plus haut qu'en certaines heures de la journée, les Athéniens s'assemblaient dans la place publique ou dans les boutiques dont elle est entourée. Je m'y rendais souvent, soit pour apprendre quelque nouvelle, soit pour étudier le caractère de ce peuple.

J'y rencontrai un jour un des principaux de la ville, qui se promenait à grands pas. Sa vanité ne pouvait être égalée que par sa haine contre la diplomatie; de tous les vers d'Homère il n'avait retenu que cette sentence : Rien n'est si dangereux que d'avoir tant de chefs.

Il venait de recevoir une légère insulte. Non, disait-il en fureur : il faut que cet homme ou moi abandonnions la ville : car aussi bien n'y a-t-il plus moyen d'y tenir. Si je siége à quelque tribunal, j'y suis accablé par la foule des plaideurs ou par les cris des avocats. A l'assemblée générale, un homme de néant, sale et mal vêtu, a l'insolence de se placer auprès de moi. Nos orateurs sont vendus à ce peuple qui tous les jours met à la tête de ses affaires, des gens que je ne voudrais pas mettre à la tête des miennes. Dernièrement, il était question d'élire un général : je me lève ; je parle des emplois que j'ai remplis à l'armée ; je montre mes blessures ; et l'on choisit un homme sans expérience et sans talent. C'est Thésée qui, en établissant l'égalité, est l'auteur de tous ces maux. Homère avait bien plus de raison : Rien n'est si dangereux que d'avoir tant de chefs. En disant cela, il repoussait fièrement ceux qu'il trouvait sur ses pas, refusait le salut presque à tout le monde ; et s'il permettait à quelqu'un de ses clients de l'aborder, c'était pour lui rappeler hautement les services qu'il lui avait rendus.

Dans ce moment un de ses amis s'approcha de lui : Eh bien ! s'écriait-il, dira-t-on encore que je suis un esprit chagrin, que j'ai de l'humeur ? Je viens de gagner mon procès, tout d'une voix à la vérité ; mais mon avocat n'avait-il pas oublié dans son plaidoyer les meilleurs moyens de ma cause? Ma femme accoucha hier d'un fils; et l'on m'en félicite, comme si cette augmentation de famille n'apportait pas une diminution réelle dans mon bien! Un de mes amis, après les plus tendres sollicitations, consent à me céder le meilleur de ses esclaves. Je m'en rapporte à son estimation : savez-vous ce qu'il fait? il me le donne à un prix fort au-dessous de la mienne. Sans doute cet esclave a quelque vice caché. Je ne sais quel poison secret se mêle toujours à mon bonheur.

Je m'assis auprès d'un riche athénien nommé Philandre. Son parasite Criton cherchait à l'intéresser par des flatteries outrées, à l'égayer par des traits de méchanceté. Il imposait silence, il applaudissait avec transport quand Philandre parlait, et mettait un pan de sa robe sur sa bouche, pour ne pas éclater quand il échappait à Philandre quelque fade plaisanterie. Voyez, lui disait-il, comme tout le monde a les yeux fixés sur vous : hier, dans le Portique, on ne tarissait point sur vos louanges : il fut question du plus honnête homme de la ville ; nous étions plus de trente ; tous les suffrages se réunirent en votre faveur. Cet homme, dit alors Philandre, que je vois là-bas, vêtu d'une robe si brillante, et suivi de trois esclaves, n'est-ce pas Apollodore, fils de Passion, ce riche banquier? C'est lui-même, répondit le parasite. Son faste est révoltant, et il ne se souvient plus que son père avait été esclave. Et cet autre, reprit Philandre, qui marche après lui la tête levée? Son père s'appelait d'abord Sosie, répondit Criton ; et comme il avait été à l'armée, il se fit nommer Sosistrate. Le fils est un fripon, moins cependant qu'Hermogène, Corax et Thersite, qui causent ensemble à quatre pas de nous. Le premier est si avare, que, même en hiver, sa femme ne peut se baigner qu'à l'eau froide ; le second si variable, qu'il représente vingt hommes dans un même jour ; le troisième si vain, qu'il n'a jamais eu de complice dans les louanges qu'il se donne, ni de rival dans l'amour qu'il a pour lui-même.

Pendant que je me tournais pour voir une partie de dés, un homme vint à moi d'un air empressé : Savez-vous la nouvelle? me dit-il. — Non, répondis-je. — Quoi! vous l'ignorez? Je suis ravi de vous l'apprendre. Je la tiens de Nicératès, qui arrive de Macédoine. Le roi Philippe a été battu par les Illyriens ; il est prisonnier ; il est mort. — Comment! est-il possible? — Rien n'est si certain. Je viens de rencontrer deux de nos archontes ; j'ai vu la joie peinte sur leur visage. Cependant n'en dites rien, et surtout ne me citez pas. Il me quitte aussitôt pour communiquer ce secret à tout le monde.

Je me jetai au milieu d'un groupe formé autour d'un devin qui se plaignait de l'incrédulité des Athéniens; Il s'écriait : Lorsque dans l'assemblée générale, je parle des choses divines, et que je vous dévoile l'avenir, vous vous moquez de moi comme d'un fou ; cependant l'événement a toujours justifié mes prédictions. Mais vous portez envie à ceux qui ont des lumières supérieures aux vôtres.

Il allait continuer, lorsque nous vîmes paraître Diogène. Il arrivait de Lacédémone. « D'où venez-vous? lui demanda quelqu'un. — De l'appartement des hommes à celui des femmes, » répondit-il. « Y avait-il beaucoup de monde aux jeux olympiques? lui dit un autre. — Beaucoup de spectateurs et peu d'hommes. » Ces réponses furent applaudies, et à l'instant il se vit entouré d'une foule d'Athéniens qui cherchaient à tirer de lui quelque répartie. « Pourquoi, lui disait celui-ci, mangez-vous dans le marché? — C'est que j'ai faim dans le marché. » Un autre lui fit cette question : « Comment puis-je me venger de mon ennemi? — En devenant plus vertueux. » « Diogène, lui dit un troisième, on vous donne bien des ridicules. — Mais je ne le reçois pas. » Un étranger, né à Mynde, voulut savoir comment il avait trouvé cette ville. « J'ai conseillé aux habitants, répondit-il, d'en fermer les portes, de peur qu'elle ne s'enfuie. » C'est qu'en effet cette ville, qui est très-petite, a de grandes portes. Le parasite Criton, étant monté sur une chaise, lui demanda pourquoi on l'appelait chien. — « Parce que je caresse ceux qui me donnent de quoi vivre, que j'aboie contre ceux qui ne me donnent rien, que je mords les méchants. Et quel est, reprit le parasite, l'animal le plus dangereux? — Parmi les animaux sauvages, les calomniateurs; parmi les domestiques, le flatteur. »

A ces mots les assistants firent des éclats de rire; le parasite disparut, et les attaques continuèrent avec plus de chaleur. « Diogène, d'où êtes-vous? lui dit quelqu'un. Je suis citoyen de l'univers, répondit-il. Eh non, reprit un autre, il est de Synope; les habitants l'ont condamné à sortir de leur ville. — Et moi je les ai condamnés à y rester. » Un jeune homme d'une jolie figure s'étant avancé, se servit d'une expression dont l'indécence fit rougir un de ses amis de même âge que lui. Diogène dit au second : « Courage, mon enfant! voilà les couleurs de la vertu. » Et s'adressant au premier : « N'avez-vous pas de honte, lui dit-il, de tirer une lame de plomb d'un fourreau d'ivoire? » Le jeune homme en fureur lui ayant appliqué un soufflet : Eh bien! reprit-il sans s'émouvoir, vous m'apprenez une chose, c'est que j'ai besoin d'un casque. Quel fruit, lui demanda-t-on tout de suite, avez-vous retiré de votre philosophie? — Vous le voyez, d'être préparé à tous les événements. »

Dans ce moment Diogène, sans vouloir quitter sa place, recevait sur sa tête de l'eau qui tombait d'une maison ; comme quelques-uns des assistants paraissaient le plaindre, Platon, qui passait par hasard, leur dit : « Voulez-vous que votre pitié lui soit utile, faites semblant de ne le pas voir. »

Je me trouvai, sans m'en apercevoir, au pied d'un platane, sous lequel Socrate venait quelquefois s'entretenir avec ses disciples. Le souvenir de cet homme si sage et si heureux ne servit qu'à augmenter mon délire. Je l'invoquais à haute voix; j'arrosais de mes pleurs le lieu où il s'était assis, lorsque j'aperçus au loin Phocus, fils de Phocion, et Clésippe, fils de Chabrias, accompagnés de quelques jeunes gens avec qui j'avais des liaisons. Je n'eus que le temps de reprendre l'usage de mes sens; ils s'approchèrent et me forcèrent de les suivre.

Nous allâmes à la place publique; on nous montra des épigrammes et des chansons contre ceux qui étaient à la tête des affaires, et l'on décida que le meilleur des gouvernements était celui de Lacédémone. Nous nous rendîmes au théâtre; on y jouait des pièces nouvelles, que nous sifflâmes et qui réussirent. Nous montâmes à cheval. Au retour, après nous être baignés, nous soupâmes avec des chanteuses et des joueuses de flûte. J'oubliai le Portique, le platane et Socrate; je m'abandonnai sans réserve au plaisir et à la licence. Nous passâmes une partie de la nuit à boire et l'autre moitié à courir les rues pour insulter les passants.

A mon réveil la paix régnait dans mon âme, et je reconnus aisément le principe des terreurs qui m'avaient agité la veille. N'étant pas encore aguerri contre les incertitudes du savoir, ma peur avait été celle d'un enfant qui se trouve pour la première fois dans les ténèbres. Je résolus dès ce moment de fixer mes idées à l'égard des opinions qu'on avait traitées dans le Portique, de fréquenter la bibliothèque d'un Athénien de mes amis, et de profiter de cette occasion pour connaître en détail les différentes branches de la littérature grecque.

XXVIII

Aristippe.

Le lendemain de cet entretien, le bruit courut qu'Aristippe de Cyrène venait d'arriver; je ne l'avais jamais vu. Après la mort de Socrate, son maître, il voyagea chez différentes nations où il se fit une réputation brillante. Plusieurs le regardaient comme un novateur en philosophie, et l'accusaient de vouloir établir l'alliance monstrueuse des vertus et des voluptés; cependant on en parlait comme d'un homme de beaucoup d'esprit.

Dès qu'il fut à Athènes, il ouvrit son école; je m'y glissai avec la foule; je le vis ensuite en particulier, et voici à peu près l'idée qu'il me donna de son système et de sa conduite.

Jeune encore, la réputation de Socrate m'attira auprès de lui, et la beauté de sa doctrine m'y retint; mais comme elle exigeait des sacrifices dont je n'étais pas capable, je crus que, sans m'écarter de ses principes, je pourrais découvrir à ma portée une voie plus commode pour parvenir au terme de mes souhaits.

Il nous disait souvent que, ne pouvant connaître l'essence et les qualités des choses qui sont hors de nous, il nous arrivait à tous moments de prendre le bien pour le mal, et le mal pour le bien. Cette réflexions étonnait ma paresse: placé entre les objets de mes craintes et de mes espérances, je devais choisir, sans pouvoir m'en rapporter aux apparences de ces objets, qui sont si incertaines, ni aux témoignages de mes sens, qui sont si trompeurs.

Je rentrai en moi-même, et je fus frappé de cet attrait pour le plaisir, de cette aversion pour la peine, que la nature avait mis au fond de mon cœur, comme deux signes certains et sensibles qui m'avertissaient de ses intentions. En effet, si ces affections sont criminelles, pourquoi me les a-t-elle données? si elles ne le sont pas, pourquoi ne serviraient-elles pas à régler mes choix?

Je venais de voir un tableau de Parrhasius, d'entendre un air de Timothée, fallait-il donc savoir en quoi consistent les couleurs et les sons, pour justifier le ravissement que j'avais éprouvé? et n'étais-je pas en droit de conclure que cette musique et cette peinture avaient, du moins à mes yeux, un mérite réel?

Je m'accoutumai ainsi à juger de tous les objets par les impressions de joie ou de douleur qu'ils faisaient sur mon âme, à rechercher comme utiles ceux qui me procuraient des sensations agréables, à éviter comme nuisibles ceux qui produisaient un effet contraire. N'oubliez pas qu'en excluant et les sensations qui attristent l'âme, et celles qui la transportent hors d'elle-même, je fais uniquement consister le bonheur dans une suite de mouvements doux qui l'agitent sans la fatiguer, et que, pour exprimer les charmes de cet état, je l'appelle volupté.

En prenant pour règle de ma conduite ce tact intérieur, ces deux espèces d'émotions dont je viens de vous parler, je rapporte tout à moi, je ne tiens au reste de l'univers que par mon intérêt personnel, et je me constitue centre et mesure de toutes choses ; mais, quelque brillant que soit ce poste, je ne puis y rester en paix si je ne me résigne aux circonstances des temps, des lieux et des personnes. Comme je ne veux être tourmenté ni par des regrets, ni par des inquiétudes, je rejette loin de moi les idées du passé et de l'avenir, je vis tout entier dans le présent. Quand j'ai épuisé les plaisirs d'un climat, j'en vais faire une nouvelle moisson dans un autre. Cependant, quoique étranger à toutes les nations, je ne suis ennemi d'aucune ; je jouis de leurs avantages, et je respecte leurs lois : quand elles n'existeraient pas ces lois, un philosophe éviterait de troubler l'ordre public par la hardiesse de ses maximes ou par l'irrégularité de sa conduite.

Je vais vous dire mon secret, et vous dévoiler celui de presque tous les hommes. Les devoirs de la société ne sont à mes yeux qu'une suite continuelle d'échanges : je ne hasarde pas une démarche sans m'attendre à des retours avantageux ; je mets dans le commerce mon esprit et mes lumières, mon empressement et mes complaisances ; je ne fais aucun tort à mes semblables ; je les respecte quand je le dois, je leur rends des services quand je le puis ; je leur laisse leurs prétentions, et j'excuse leurs faiblesses. Ils ne sont point ingrats ; mes fonds me sont toujours rentrés avec d'assez gros intérêts.

Seulement j'ai cru devoir écarter ces formes qu'on appelle délicatesse de sentiment, noblesse de procédés. J'eus des disciples, j'en exigeai un salaire ; l'école de Socrate en fut étonnée, et jeta les hauts cris, sans s'apercevoir qu'elle donnait atteinte à la liberté du commerce.

La première fois que je parus devant Denys, roi de Syracuse, il me demanda ce que je venais faire à sa cour, je lui répondis : Troquer vos faveurs contre mes connaissances ; mes besoins contre les vôtres. Il accepta le marché ; et bientôt il me distingua des autres philosophes dont il était entouré.

J'interrompis Aristippe. Est-il vrai, lui dis-je, que cette préférence vous attira leur haine ? — J'ignore, reprit-il, s'ils éprouvaient ce sentiment pénible ; pour moi, j'en ai garanti mon cœur, ainsi que de ces passions violentes, plus funestes à ceux qui s'y livrent qu'à ceux qui en sont les objets. Je n'ai jamais envié que la mort de Socrate ; et je me vengeai d'un homme qui cherchait à m'insulter, en lui disant de sang-froid : Je me retire, parce que si vous avez le pouvoir de vomir des injures, j'ai celui de ne pas les entendre.

Et de quel œil, lui dis-je encore, regardez-vous l'amitié ? Comme le plus beau et le plus dangereux des présents du ciel, répondit-il : ses douceurs sont délicieuses, ses vicissitudes effroyables. Et voulez-vous qu'un homme sage s'expose à des pertes dont l'amertume empoisonnerait le reste de ses jours ? Vous connaîtrez par les deux traits suivants avec quelle modération je m'abandonne à ce sentiment :

J'étais dans l'île d'Egine ; j'appris que Socrate, mon cher maître, venait d'être condamné, qu'on le détenait en prison, que l'exécution serait différée d'un mois, et qu'il était permis à ses disciples de le voir. Si j'avais pu, sans inconvénient, briser ses fers, j'aurais volé à son secours ; mais je ne pouvais rien pour lui, et je restai à Egine. C'est une suite de mes principes : quand le malheur de mes amis est sans remède, je m'épargne la peine de les voir souffrir.

Je m'étais lié avec Eschine, disciple comme moi de ce grand homme ; je l'aimais à cause de ses vertus, peut-être aussi parce qu'il m'avait des obligations, peut-être encore parce qu'il se sentait plus de goût pour moi que pour Platon. Nous nous brouillâmes. Qu'est devenue, me dit quelqu'un, cette amitié qui vous unissait l'un à l'autre ? Elle dort, répondis-je, mais il est en mon pouvoir de la réveiller. J'allai chez Eschine : Nous avons fait une folie, lui dis-je, me croyez-vous assez incorrigible pour être indigne de pardon ? Aristippe, répondit-il, vous me surpassez en tout : c'est moi qui avais tort, et c'est vous qui faites les premiers pas. Nous nous embrassâmes, et je fus délivré des petits chagrins que me causait notre refroidissement.

Si je ne me trompe, repris-je, il suit de votre système qu'il faut admettre des liaisons de convenance, et bannir cette amitié qui nous rend si sensibles aux maux des autres. Bannir ! répliqua-t-il en hésitant. Eh bien ! je dirai avec la Phèdre d'Euripide : C'est vous qui avez proféré ce mot, ce n'est pas moi.

Aristippe savait qu'on l'avait perdu dans l'esprit des Athéniens : toujours prêt à répondre aux reproches qu'on lui faisait, il me pressait de lui fournir les occasions de se justifier.

On vous accuse, lui dis-je, d'avoir flatté un tyran, ce qui est un crime horrible. Il me dit : Je vous ai expliqué les motifs qui me conduisirent à la cour de Syracuse : elle était pleine de philosophes qui s'érigeaient en réformateurs. J'y pris le rôle de courtisan sans déposer celui d'honnête homme ; j'applaudissais aux bonnes qualités du jeune Denys : je ne louais point ses défauts ; je ne les blâmais pas, je n'en avais pas le droit : je savais seulement qu'il était plus aisé de les supporter que de les corriger.

Mon caractère indulgent et facile lui inspirait de la confiance ; des réparties assez heureuses, qui m'échappaient quelquefois, amusaient ses loisirs. Je n'ai point trahi la vérité quand il m'a consulté sur des questions importantes. Comme je désirais qu'il connût l'étendue de ses devoirs, et qu'il réprimât la violence de son caractère, je disais souvent en sa présence qu'un homme instruit diffère de celui qui ne l'est pas, comme un coursier docile au frein diffère d'un cheval indomptable.

Lorsqu'il ne s'agissait pas de son administration, je parlais avec liberté, quelquefois avec indiscrétion. Je le sollicitais un jour pour un de mes amis ; il ne m'écoutait point. Je tombai à ses genoux : on m'en fit un crime ; je répondis : Est-ce ma faute si cet homme a les oreilles aux pieds ?

Pendant que je le pressais inutilement de m'accorder une gratification, il s'avisa d'en proposer une à Platon qui ne l'accepta point. Je dis tout haut : Le roi ne risque pas de se ruiner ; il donne à ceux qui refusent, et refuse à ceux qui demandent.

Souvent il nous proposait des problèmes ; et, nous interrompant ensuite, il se hâtait de les résoudre lui-même. Il me dit une fois : Discutons quelques points de philosophie ; commencez. Fort bien, lui dis-je, pour que vous ayez le plaisir d'achever, et de m'apprendre ce que vous voulez savoir. Il fut piqué, et à souper il me fit mettre au bas bout de la table. Le lendemain il me demanda comment j'avais trouvé cette place. Vous vouliez sans doute, répondis-je, qu'elle fût quelques moments la plus honorable de toutes.

On vous reproche encore, lui dis-je, le goût que vous avez pour les richesses, pour le faste, la bonne chère, les femmes, les parfums, et toutes les espèces de sensualités. Je l'avais apporté en naissant, répondit-il, et j'ai cru qu'en l'exerçant avec retenue, je satisferais à la fois la nature et la raison : j'use des agréments de la vie, je m'en passe avec facilité. On m'a vu à la cour de Denys revêtu d'une robe de pourpre ; ailleurs, tantôt avec un habit de laine de Milet, tantôt avec un manteau grossier.

Denys nous traitait suivant nos besoins. Il donnait à Platon des livres ; il me donnait de l'argent, qui ne restait pas assez longtemps entre mes mains pour les souiller. Je fis payer une perdrix cinquante drachmes, et je dis à quelqu'un qui s'en formalisait : N'en auriez-vous pas donné une obole ? — Sans doute. — Eh bien ! je ne fais pas plus de cas de ces cinquante drachmes.

J'avais amassé une certaine somme pour mon voyage de Lybie : mon esclave, qui en était chargé, ne pouvait pas me suivre ; je lui ordonnai de jeter dans le chemin une partie de ce métal si pesant et si incommode.

Un accident fortuit me priva d'une maison de campagne que j'aimais beaucoup : un de mes amis cherchait à m'en consoler. Rassurez-vous, lui dis-je, j'en possède trois autres, et je suis plus content de ce qui me reste, que chagrin de ce que j'ai perdu : il ne convient qu'aux enfants de pleurer et de jeter tous leurs hochets quand on leur en ôte un seul.

A l'exemple des philosophes les plus austères, je me présente à la fortune comme un globe qu'elle peut faire rouler à son gré, mais qui, ne lui donnant point de prise, ne saurait être entamé. Vient-elle se placer à mes côtés, je lui tends les mains ; secoue-t-elle ses ailes pour prendre son essor, je lui remets ses dons et la laisse partir : c'est une

femme volage dont les capr ces m'amusent quelquefois et ne m'affli-
gent jamais.

Les libéralités de Denys me permettaient d'avoir une bonne table, de
beaux habits et grand nombre d'esclaves. Plusieurs philosophes, rigi-
des partisans de la morale sévère, me blâmaient hautement; je ne
leur répondais que par des plaisanteries. Un jour Polyxène, qui
croyait avoir dans son âme le dépôt de toutes les vertus, trouva chez
moi de très-jolies femmes, et les préparatifs d'un grand souper. Il se
livra sans retenue à toute l'amertume de son zèle. Je le laissai dire, et
lui proposai de rester avec nous ; il accepta, et nous convainquit
bientôt que s'il n'aimait pas la dépense il aimait autant la bonne chère
que son corrupteur.

Enfin, car je ne puis m ux justifier ma doctrine que par mes
actions, Denys fit venir trois belles courtisanes, et me permit d'en
choisir une. Je les amenai toutes sous prétexte qu'il en avait trop
coûté à Paris pour avoir donné la préférence à l'une destrois déesses.
Chemin faisant, je pensai que leurs charmes ne valaient pas la satisfaction de me vaincre moi-même ; je les renvoyai chez elles, et rentrai
paisiblement chez moi.

Aristippe, dis-je alors, vous renversez toutes mes idées: on prétendait que votre philosophie ne coûtait aucun effort, et qu'un partisan
de la volupté pouvait s'abandonner sans réserve à tous les plaisirs des
sens. Eh quoi! répondit-il, vous auriez pensé qu'un homme qui ne
voit rien de si essentiel que l'étude de la morale, qui a négligé la
géométrie et d'autres sciences encore, parce qu'elles ne tendent pas
immédiatement à la direction des mœurs; qu'un auteur dont Platon
n'a pas rougi d'emprunter plus d'une fois les idées et les maximes;
enfin qu'un disciple de Socrate eût ouvert des éco es de prostitution
dans plusieurs villes de la Grèce, sans soulever contre lui les magistrats et les citoyens même les plus corrompus!

Le nom de *volupté*, que je donne à la satisfaction intérieure qui doit
nous rendre heureux, a blessé ces esprits superficiels qui s'attachent
plus aux mots qu'aux choses : des philosophes, oubliant qu'ils aimaient
la justice, ont favorisé la prévention, et quelques-uns de mes
disciples la justifieront peut-être en se livrant à des excès; mais un
excellent principe change-t-il de caractère parce qu'on en tire de
fausses conséquences ?

Je vous ai expliqué ma doctrine. J'admets comme le seul instrument du bonheur les émotions qui remuent agréablement notre âme; mais je veux qu'on les réprime dès qu'on s'aperçoit qu'elles y portent le trouble et le désordre: et certes rien n'est si courageux que de mettre à la fois des bornes aux privations et aux jouissances.

Anthistène prenait en même temps que moi les leçons de Socrate; il était né triste et sévère; moi, gai et indulgent. Il proscrivit les plaisirs, et n'osa point se mesurer avec les passions qui nous jettent dans une douce langueur: je trouvai plus d'avantage à les vaincre qu'à les éviter; et, malgré leurs murmures plaintifs, je les traînai à ma suite comme des esclaves qui devaient me servir, et m'aider à supporter la vie. Nous suivîmes des routes opposées, et voici le fruit que nous avons recueillis de nos efforts. Anthistène se crut heureux, parce qu'il se croyait sage; je me crois sage parce que je suis heureux.

On dira peut-être un jour que Socrate et Aristippe, soit dans leur conduite, soit dans leur doctrine, s'écartaient quelquefois des usages ordinaires; mais on ajoutera sans doute qu'ils rachetaient ces petites libertés par les lumières dont ils ont enrichi la philosophie.

XXIX

Démêlés entre Denys le Jeune, roi de Syracuse et Dion son beau-frère. — Voyage de Platon en Sicile.

Depuis que j'étais en Grèce, j'en avais parcouru les principales villes; j'avais été témoin des grandes solennités qui rassemblent ses différentes nations. Peu contents de ces courses particulières, nous résolûmes, Philotas et moi, de visiter avec plus d'attention toutes ses provinces, en commençant par celles du nord.

La veille de notre départ nous soupâmes chez Platon ; je m'y rendis avec Appolodore et Philotas. Nous y trouvâmes Speusippe son neveu, plusieurs de ses anciens disciples, et Timothée, si célèbre par ses victoires. On nous dit que Platon était enfermé avec Dion de Syracuse, qui arrivait du Péloponèse, et qui, forcé d'abandonner sa patrie, avait, six à sept ans auparavant, fait un assez long séjour à Athènes : ils vinrent nous joindre un moment après. Platon me parut d'abord inquiet et soucieux ; mais il reprit bientôt son air serein, et fit servir.

La décence et la propreté régnaient à sa table. Timothée, qui, dans les camps, n'entendait parler que d'évolutions, de siéges, de batailles ; dans les sociétés d'Athènes, que de marine et d'impositions, sentait vivement le prix d'une conversation soutenue sans effort, et instructive sans ennui. Il s'écriait quelquefois en soupirant : « Ah ! Platon, que vous êtes heureux ! » Ce dernier s'étant excusé de la frugalité du repas, Timothée lui répondit : « Je sais que les soupers de l'Académie procurent un doux sommeil, et un réveil plus doux encore.

Quelques-uns des convives se retirèrent de bonne heure : Dion les suivit de près. Nous avions été frappés de son maintien et de ses discours. Il est à présent la victime de la tyrannie, nous dit Platon ; il le sera peut-être un jour de la liberté.

Timothée le pressa de s'expliquer. Rempli d'estime pour Dion, disait-il, j'ai toujours ignoré les vraies causes de son exil, et je n'ai qu'une idée confuse des troubles qui agitent la cour de Syracuse. Je ne les ai vues que de trop près ces agitations, répondit Platon. Auparavant j'étais indigné des fureurs et des injustices que le peuple exerce quelquefois dans nos assemblées ; combien plus effrayantes et plus dangereuses sont les intrigues qui, sous un calme apparent, fermentent sans cesse autour du trône ; dans ces régions élevées, où dire la vérité est un crime ; la faire goûter au prince un crime plus grand encore ; où la faveur justifie le scélérat, et la disgrâce rend coupable l'homme vertueux. Nous aurions pu ramener le roi de Syracuse, on l'a indignement perverti : ce n'est pas le sort de Dion que je déplore, c'est celui de la Sicile entière. Ces paroles redoublèrent notre curiosité, et Platon, cédant à nos prières, commença de cette manière :

Il y a trente deux ans environ que des raisons trop longues à déduire me conduisirent en Sicile. Denys l'Ancien régnait à Syracuse.

Vous savez que ce prince, redoutable par ses talents extraordinaires, s'occupa tant qu'il vécut à donner des fers aux nations voisines et à la sienne. Sa cruauté semblait suivre les progrès de sa puissance, qui parvint enfin au plus haut degré d'élévation. Il voulut me connaître; et comme il me fit des avances, il s'attendait à des flatteries, mas il n'obtint que des vérités. Je ne vous parlerai ni de sa fureur que je bravai, ni de sa vengeance dont j'eus de la peine à me garantir. Je m'étais promis de taire ses injustices pendant sa vie; et sa mémoire n'a pas besoin de nouveaux outrages pour être en exécration à tous les peuples.

Je fis alors pour la philosophie une conquête dont elle doit s'honorer : c'est Dion qui vient de sortir. Aristomaque sa sœur fut une des deux femmes que Denys épousa le même jour : Hipparinus son père avait été longtemps à la tête de la république de Syracuse. C'est aux entretiens que j'eus avec le jeune Dion que cette ville devra sa liberté, si elle est jamais assez heureuse pour la recouvrer. Son âme, supérieure aux autres, s'ouvrit aux premiers rayons de la lumière; et, s'enflammant tout à coup d'un violent amour pour la vertu, elle renonça sans hésiter à toutes les passions qui l'avaient auparavant dégradé. Dion se soumit à de si grands sacrifices avec une chaleur que je n'ai jamais remarquée dans aucun autre jeune homme, avec une constance qui ne s'est jamais démentie.

Denys mourut enfin, rempli d'effroi, tourmenté de ses défiances, aussi malheureux que les peuples l'avaient été sous un règne de trente-huit ans. Entre autres enfants, il laissa de Doris, l'une de ses deux épouses, un fils qui portait le même nom que lui, et qui monta sur le trône. Dion saisit l'occasion de travailler au bonheur de la Sicile. Il disait au jeune prince : Votre père fondait sa puissance sur les flottes redoutables dont vous disposez, sur les dix mille barbares qui composent votre garde; c'étaient, suivant lui, des chaînes de diamant avec lesquelles il avait garrotté toutes les parties de l'empire il se trompait : je ne connais d'autres liens, pour les unir d'une manière indissoluble, que la justice du prince et l'amour des peuples. Quelle honte pour vous, disait-il encore, si, réduit à ne vous distinguer que par la magnificence qui éclate sur votre personne et dans votre palais, le moindre de vos sujets pouvait se mettre au-dessus de vous par la supériorité de ses lumières et de ses sentiments !

Peu content d'instruire le roi, Dion veillait sur l'administration de l'état; il opérait le bien, et augmentait le nombre de ses ennemis. Ils se consumèrent pendant quelque temps en efforts superflus; mais ils ne tardèrent pas à plonger Denys dans la débauche la plus honteuse. Dion, hors d'état de leur résister, attendit un moment plus favorable. Le roi, qu'il trouva le moyen de prévenir en ma faveur, et dont les désirs sont toujours impétueux, m'écrivit plusieurs lettres extrêmement pressantes; il me conjurait de tout abandonner, et de me rendre au plus tôt à Syracuse. Dion ajoutait dans les siennes que je n'avais pas un instant à perdre, qu'il était encore temps de placer la philosophie sur le trône, que Denys montrait de meilleures dispositions, et que ses parents se joindraient volontiers à nous pour l'y confirmer.

Je trouvai la cour de Denys pleine de dissensions et de troubles. Dion était en butte à des calomnies atroces. A ces mots, Speusippe interrompit Platon : Mon oncle, dit-il, n'ose pas vous raconter les honneurs qu'on lui rendit et les succès qu'il eut à son arrivée. Le roi le reçut à la descente du vaisseau, et, l'ayant fait monter sur un char attelé de quatre chevaux blancs, il le conduisit en triomphe au milieu d'un peuple immense qui couvrait le rivage : il ordonna que les portes du palais lui fussent ouvertes à toute heure, et offrit un sacrifice pompeux en reconnaissance du bienfait que les dieux accordaient à la Sicile. On vit bientôt les courtisans courir au-devant de la réforme, proscrire le luxe de leurs tables, étudier avec empressement les figures de géométrie, que divers instituteurs traçaient sur le sable répandu dans les salles mêmes du palais.

Les peuples, étonnés de cette subite révolution, concevaient des espérances; le roi se montrait plus sensible à leurs plaintes. On se rappelait qu'il avait obtenu le titre de citoyen d'Athènes, la ville la plus libre de la Grèce. On disait encore que, dans une cérémonie religieuse, le héraut ayant, d'après la formule usitée, adressé des vœux au ciel pour la conservation du tyran, Denys, offensé d'un titre qui jusqu'alors ne l'avait point blessé, s'écria soudain : Ne cesseras-tu pas de me maudire ?

La guerre avec les Carthaginois durait encore; et quoiqu'elle ne produisît que des hostilités passagères, il était nécessaire de la terminer. Dion, pour en inspirer le désir aux généraux ennemis, leur écrivit de l'instruire des premières négociations, afin qu'il pût leur ménager une paix solide. La lettre tomba, je ne sais comment, entre es mains du roi. Il consulte à l'instant Philistus ; et préparant sa vengeance par une dissimulation profonde, il affecte de rendre ses bonnes grâces à Dion, l'accable de marques de bonté, le conduit sur les bords de la mer, lui montre la lettre fatale, lui reproche sa trahison, et, sans lui permettre un mot d'explication, le fait embarquer sur un vaisseau qui met aussitôt à la voile.

Ce coup de foudre étonna la Sicile et consterna les amis de Dion : on craignait qu'il ne retombât sur nos têtes. Le bruit de ma mort se répandit à Syracuse. Mais à cet orage violent succéda tout à coup un calme profond : soit politique, soit pudeur, le roi fit tenir à Dion une somme d'argent que ce dernier refusa d'accepter. Loin de sévir contre les amis du proscrit, il n'oublia rien pour calmer leurs alarmes ; il cherchait en particulier à me consoler ; il me conjurait de rester auprès de lui. Quoique ses prières fussent mêlées de menaces, et ses caresses de fureur, je m'en tenai s toujours à cette alternative : ou le retour de Dion, ou mon congé. Ne pouvant surmonter ma résistance, il me fit transférer à la citadelle, dans son palais même. On expédia des ordres de tous côtés pour me ramener à Syracuse si je prenais la fuite : on défendit à tout capitaine de vaisseau de me recevoir à son bord, à moins d'un exprès commandement du prince.

Captif, gardé à vue, je le vis redoubler d'empressement et de tendresse pour moi ; il se montrait jaloux de mon estime et de mon amitié ; il ne pouvait plus souffrir la préférence que mon cœur donnait à Dion : il l'exigeait avec hauteur ; il la demandait en suppliant. J'étais sans cesse exposé à des scènes extravagantes : c'étaient des emportements et des excuses, des outrages et des larmes. Comme nos entretiens devenaient de jour en jour plus fréquents, on publia que j'étais l'unique dépositaire de sa faveur. Ce bruit, malignement accrédité par Philistus et son parti, me rendit odieux au peuple et à l'armée ; on me fit un crime des dérèglements du prince et des fautes de l'administration. J'étais bien éloigné d'en être l'auteur : à l'exception du préambule de quelques lois, auquel je travaillai dès mon arrivée en Sicile, j'avais refusé de me mêler des affaires publiques dans le temps même que j'en pouvais partager le poids avec mon fidèle compagnon : je venais de le perdre ; Denys s'était rejeté entre les bras d'un grand nombre de flatteurs perdus de débauche, et j'aurais choisi ce moment pour donner des avis à un jeune insensé qui croyait gouverner, et qui se laissait gouverner par des conseillers plus méchants et non moins insensés que lui ?

Je demandais vainement la fin de son exil et du mien, lorsque la guerre s'étant rallumé le remplit de nouveaux soins. N'ayant plus de prétexte pour me retenir, il consentit à mon départ. Nous fîmes une espèce de traité. Je lui promis de venir le rejoindre à la paix ; il me promit de rappeler Dion en même temps. Dès qu'elle fut conclue, il eut soin de nous en informer ; il écrivit à Dion de différer son retour d'un an, à moi de hâter le mien. Je lui répondis sur-le-champ que mon âge ne me permettait point de courir les risques d'un si long voyage ; et que, puisqu'il manquait à sa parole, j'étais dégagé de la mienne. Cette réponse ne déplut pas moins à Dion qu'à Denys. J'avais alors résolu de ne plus me mêler de leurs affaires ; mais le roi n'en était que plus obstiné dans son projet : il mendiait des sollicitations de toutes parts ; il m'écrivait sans cesse, et me faisait écrire par mes amis de Sicile, par des philosophes de l'école d'Italie. Archytas, qui est à la tête de ces derniers, se rendit auprès de lui, il me marqua, et son témoignage se trouvait confirmé par d'autres lettres, que le roi était enflammé d'une nouvelle ardeur pour la philosophie, et que j'exposerais ceux qui la cultivent dans ses États, si je n'y retournais au plus tôt. Dion, de son côté, me persécutait par ses instances.

Le roi ne le rappellera jamais, il le craint ; il ne sera jamais philosophe, il cherche à le paraître. Il pensait qu'auprès de ceux qui le sont véritablement, mon voyage pouvait ajouter à sa considération et mon refus y nuire ; voilà tout le secret de l'acharnement qu'il mettait à me poursuivre.

Cependant je ne crus pas devoir résister à tant d'avis réunis contre le mien. On m'eût peut-être reproché un jour d'avoir abandonné un jeune prince qui me tendait une seconde fois la main pour sortir de ses égarements, livré à sa fureur les amis que j'ai dans ces contrées lointaines, négligé les intérêts de Dion, à qui l'amitié, l'hospitalité, la reconnaissance m'attachaient depuis si longtemps. Ses ennemis avaient fait séquestrer ses revenus ; ils le persécutaient pour l'exciter à la révolte ; ils multipliaient les torts du roi pour le rendre inexorable. Voici ce que Denys m'écrivit : « Nous traiterons d'abord l'affaire de Dion ; j'en passerai par tout ce que vous voudrez ; et j'espère que vous ne voudrez que des choses justes. Si vous ne venez pas, vous n'obtiendrez jamais rien pour lui. »

Il m'en coûta pour quitter de nouveau ma retraite et aller, à l'âge de soixante-dix ans, affronter un despote altier, dont les caprices sont aussi orageux que les mers qu'il me fallait parcourir ; mais il n'est point de vertu sans sacrifice, point de philosophie sans pratique. Speusippe voulut m'accompagner ; j'acceptai ses offres : je me flattais que les agréments de son esprit séduiraient le roi, si la force de mes raisons ne pouvait le convaincre. Je partis enfin, et j'arrivai heureusement en Sicile.

Denys parut transporté de joie, ainsi que la reine et toute la famille royale. Il m'avait fait préparer un logement dans le jardin du palais. Je lui représentai dans notre premier entretien que, suivant nos conventions, l'exil de Dion devait finir au moment où je retournerais à Syracuse. A ces mots il s'écria : Dion n'est pas exilé ; je l'ai seulement éloigné de la cour. — Il est temps de l'en rapprocher, répondis-je, et de lui restituer ses biens, que vous abandonnez à des administrateurs infidèles. Ces deux articles furent longtemps débattus entre nous et remplirent plusieurs séances : dans l'intervalle il cherchait par des distractions et des présents à me refroidir sur les intérêts de mon ami et à me faire approuver sa disgrâce ; mais je rejetai des bienfaits qu'il fallait acheter au prix de l'honneur et de l'amitié.

Cependant je revenais toujours, et toujours inutilement, à mon objet principal, celui d'opérer entre Denys et Dion une réconciliation nécessaire à la prospérité de son règne. A la fin, aussi fatigué que lui de mes importunités, je commençai à me reprocher un voyage non moins infructueux que pénible. Nous étions en été ; je voulus profiter de la saison pour m'en retourner ; je lui déclarai que je ne pouvais plus rester à la cour d'un prince si ardent à persécuter mon ami. Il employa toutes les séductions pour me retenir, et finit par me promettre une de ses galères ; mais comme il était le maître d'en retarder les préparatifs, je résolus de m'embarquer sur le premier vaisseau qui mettrait à la voile.

Deux jours après, il vint chez moi, et me dit : « L'affaire de Dion est la seule cause de nos divisions ; il faut la terminer. Voici tout ce que, par amitié pour vous, je puis faire en sa faveur. Qu'il reste dans le Péloponèse jusqu'à ce que le temps précis de son retour soit convenu entre lui, moi, vous et vos amis. Il vous donnera sa parole de ne rien entreprendre contre mon autorité : il la donnera de même à vos amis, aux siens ; et tous ensemble vous m'en serez garants. Ses richesses seront transportées en Grèce et confiées à des dépositaires que vous choisirez ; il en retirera les intérêts, et ne pourra toucher au fonds sans votre agrément ; car je ne compte pas assez sur sa fidélité pour laisser à sa disposition de si grands moyens de me nuire. J'exige en même temps que vous restiez encore un an avec moi, et, quand vous partirez, nous vous remettrons l'argent que nous aurons à lui. J'espère qu'il sera satisfait de cet engagement. Dites-moi s'il vous convient. »

Ce projet m'affligea. Je demandai vingt-quatre heures pour l'examiner. Après en avoir balancé les avantages et les inconvénients, je lui répondis que j'acceptai les conditions proposées, pourvu que Dion les approuvât. Il fut réglé en conséquence que nous lui écririons au plus tôt l'un et l'autre, et qu'en attendant on ne changerait rien à la nature de ses biens. C'était le second traité que nous faisions ensemble, et il ne fut pas mieux observé que le premier.

Dès ce moment Denys ne garda plus de mesures ; il suivit avec ardeur le projet de s'emparer des biens de Dion. Il me fit sortir du palais. Tout commerce avec mes amis, tout accès auprès de lui m'étaient sévèrement interdits. Je n'entendais parler que de ses plaintes, de ses reproches, de ses menaces. Si je le voyais par hasard, c'était pour en essuyer des sarcasmes amers et des plaisanteries indécentes ; car les rois, et les courtisans à leur exemple, persuadés sans doute que leur faveur fait notre mérite, cessent de considérer ceux qu'ils cessent d'aimer. On m'avertit en même temps que ma vie était en danger ; et en effet, des satellites du tyran avaient dit qu'ils m'arracheraient la vie s'ils me rencontraient.

Je trouvai le moyen d'instruire de ma situation Archytas et mes autres amis de Tarente. Avant mon arrivée, Denys leur avait donné sa foi que je pourrais quitter la Sicile quand je le jugerais à propos ; ils m'avaient donné la leur pour garant de la sienne. Je l'invoquai dans cette occasion. Bientôt arrivèrent des députés de Tarente : après s'être acquittés d'une commission qui avait servi de prétexte à l'ambassade, ils obtinrent enfin ma délivrance.

En revenant de Sicile, je débarquai en Élide, et j'allai aux jeux olympiques, où Dion m'avait promis de se trouver. Je lui rendis compte de ma mission, et je finis par lui dire : Jugez vous-même du pouvoir que la philosophie a sur l'esprit du roi de Syracuse.

Dion, indigné des nouveaux outrages qu'il venait de recevoir en ma personne, s'écria tout à coup : « Ce n'est plus à l'école de la philosophie qu'il faut conduire Denys ; c'est à celle de l'adversité, et je vais lui en ouvrir le chemin. — Mon ministère est donc fini? lui répondis-je. Quand mes mains seraient en état de porter les armes, je ne les prendrais pas contre un prince avec qui j'eus en commun la même maison, la même table, les mêmes sacrifices ; qui, sourd aux calomnies de mes ennemis, épargna des jours dont il pouvait disposer ; à qui j'ai promis cent fois de ne jamais favoriser aucune entreprise contre son autorité. Si, ramenés un jour l'un et l'autre à des vues pacifiques, vous aviez besoin de ma médiation, je vous l'offrirai avec empressement ; mais tant que vous méditerez des projets de destruction, n'attendez ni conseils ni secours de ma part. »

J'ai, pendant trois ans, employé divers prétextes pour le tenir dans l'inaction ; mais il vient de me déclarer qu'il est temps de voler au secours de sa patrie. Les principaux habitants de Syracuse, las de la servitude, n'attendent que son arrivée pour en briser le joug. J'ai vu leurs lettres ; ils ne demandent ni troupes ni vaisseaux, mais son nom pour les autoriser, et sa présence pour les réunir. Ils lui marquent aussi que son épouse, ne pouvant plus résister aux menaces et aux fureurs du roi, a été forcée de contracter un nouvel hymen La mesure est comble. Dion va retourner au Péloponèse ; il y lèvera des soldats, et, dès que ses préparatifs seront achevés, il passera en Sicile

Tel fut le récit de Platon. Nous prîmes congé de lui, et le lendemain nous partîmes pour la Béotie.

XXX

Voyage de Béotie. — L'antre de Trophonius. — Hésiode. — Pindare.

On voyage avec beaucoup de sûreté dans toute la Grèce : on trouve des auberges dans les principales villes et sur les grandes routes ; mais on y est rançonné sans pudeur. Comme le pays est presque partout couvert de montagnes et de collines, on ne se sert de voitures que pour les petits trajets ; encore est-on souvent obligé d'employer l'enrayure. Il faut préférer les mulets pour les voyages de long cours, et mener avec soi quelques esclaves pour porter les bagages.

Outre que les Grecs s'empressent d'accueillir les étrangers, on trouve dans les principales villes des proxènes chargés de ce soin : tantôt ce sont des particuliers en liaison de commerce ou d'hospitalité avec des particuliers d'une autre ville ; tantôt ils ont un caractère public, et sont reconnus pour les agents d'une ville ou d'une nation qui, par un décret solennel, les a choisis avec l'agrément du peuple auquel ils appartiennent ; enfin il en est qui gèrent à la fois les affaires d'une ville étrangère et de quelques-uns de ses citoyens.

Nous partîmes d'Athènes dans les premiers jours du mois munychion, la troisième année de la cent cinquième olympiade. Nous arrivâmes le soir même à Orope par un chemin assez rude, mais ombragé en quelques endroits de bois de lauriers. Cette ville, située sur les confins de la Béotie et de l'Attique, est éloignée de la mer d'environ vingt stades. Les droits d'entrée s'y perçoivent avec une rigueur extrême, et s'étendent jusqu'aux provisions que consomment les habitants, dont la plupart sont d'un difficile abord et d'une avarice sordide.

Près de la ville, dans un endroit embelli par les sources d'une eau pure, est le temple d'Amphiaraüs. Il fut un des chefs de la guerre de Thèbes ; et, comme il faisait les fonctions de devin, on supposa qu'il rendait des oracles après sa mort. Ceux qui viennent implorer ses lumières doivent s'abstenir de vin pendant trois jours, et de toute nourriture pendant vingt-quatre heures. Ils immolent ensuite un bélier auprès de sa statue, en étendent la peau sur le parvis, et s'endorment dessus. Le dieu, à ce qu'on prétend, leur apparaît en songe, et répond à leurs questions. On cite quantité de prodiges opérés dans ce temple ; mais les Béotiens ajoutent tant de foi aux oracles, qu'on ne peut pas s'en rapporter à ce qu'ils disent.

A la distance de trente stades, on trouve sur une hauteur la ville de Tanagra, dont les maisons ont assez d'apparence. La plupart sont ornées de peintures encaustiques et de vestibules. Le territoire de cette ville arrosé par une petite rivière nommée Thermodon, est couvert d'oliviers et d'arbres de différentes sortes. Il produit peu de blé, et le meilleur vin de la Béotie.

Anacharsis.   6

Quoique les habitants soient riches, ils ne connaissent ni le luxe, ni les excès qui en sont la suite. On les accuse d'être envieux; mais nous n'avons vu chez eux que de la bonne foi, de l'amour pour la justice et de l'hospitalité, de l'empressement à secourir les malheureux que le besoin oblige d'errer de ville en ville. Ils fuient l'oisiveté, et, détestant les gains illicites, ils vivent contents de leur sort. Il n'y a point d'endroit en Béotie où les voyageurs aient moins à craindre les avanies. Je crois avoir découvert le secret de leurs vertus; ils préfèrent l'agriculture aux autres arts.

Ils ont tant de respect pour les dieux, qu'ils ne construisent les temples que dans les lieux séparés des habitations des mortels. Ils prétendent que Mercure les délivra une fois de la peste en portant autour de la ville un bélier sur ses épaules : ils l'ont représenté sous cette forme dans son temple, et le jour de sa fête on fait renouveler cette cérémonie par un jeune homme de la figure la plus distinguée : car les Grecs sont persuadés que les hommages que l'on rend aux dieux leur sont plus agréables quand ils sont présentés par la jeunesse et la beauté.

Corinne était de Tanagra; elle cultiva la poésie avec succès. Nous vîmes son tombeau dans le lieu le plus apparent de la ville, et son portrait dans le gymnase. Quand on lit ses ouvrages on demande pourquoi, dans les combats de poésie, ils furent si souvent préférés à ceux de Pindare; mais quand on voit son portrait, on demande pourquoi ils ne l'ont pas toujours été.

Nous partîmes de Tanagra, et après avoir fait deux cents stades par un chemin raboteux et difficile, nous arrivâmes à Platée, ville autrefois puissante, aujourd'hui ensevelie sous ses ruines. Elle était située au pied du mont Cythéron, dans cette belle plaine qu'arrose l'Asopus, et dans laquelle Mardonius fut défait à la tête de trois cent mille Perses. Ceux de Platée se distinguèrent tellement dans cette bataille, que les autres Grecs, autant pour reconnaître leur valeur que pour éviter toute jalousie, leur en déférèrent la principale gloire. On institua chez eux des fêtes pour en perpétuer le souvenir, et il fut décidé que tous les ans on y renouvellerait les cérémonies funèbres en l'honneur des Grecs qui avaient péri dans la bataille.

De pareilles institutions se sont multipliées parmi les Grecs : ils savent que les monuments ne suffisent pas pour éterniser les faits éclatants, ou du moins pour en produire de semblables. Ces monuments périssent, ou sont ignorés, et n'attestent souvent que le talent de l'artiste et la vanité de ceux qui les ont fait construire. Mais des assemblées générales et solennelles, où chaque année les noms de ceux qui se sont dévoués à la mort sont récités à haute voix, où l'éloge de leurs vertus est prononcé par des bouches éloquentes, où la patrie, enorgueillie de les avoir produit, va répandre des larmes sur leurs tombeaux; voilà le plus digne hommage qu'on puisse décerner à la valeur, et voici l'ordre qu'observaient les Platéens en le renouvelant.

A la pointe du jour, une trompette sonnant la charge ouvrait la marche : on voyait paraître successivement plusieurs chars remplis de couronnes et de branches de myrte ; un taureau noir, suivi de jeunes gens qui portaient dans des vases du lait, du vin et différentes sortes de parfums; enfin le premier magistrat des Platéens, vêtu d'une robe teinte de pourpre, tenant un vase d'une main et une épée de l'autre. La pompe traversait la ville ; et, parvenue au champ de bataille, le magistrat puisait de l'eau dans une fontaine voisine ; lavait les cippes ou colonnes élevées sur les tombeaux, les arrosait d'essences, sacrifiait le taureau ; et, après avoir adressé des prières à Jupiter et Mercure, il invitait aux libations les ombres des guerriers qui étaient morts dans les combats : ensuite il remplissait de vin une coupe; il en répandait une partie, et disait à haute voix : « Je bois à ces vaillants hommes qui sont morts pour la liberté de la Grèce. »

Nous vîmes le temple de Minerve construit des dépouilles des Perses enlevées à Marathon. Polygnote y représenta le retour d'Ulysse dans ses états, et le massacre qu'il fit des amants de Pénélope. Onatas y peignit la première expédition des Argiens contre Thèbes. Ces peintures conservent encore toute leur fraîcheur. La statue de la déesse est de la main de Phidias, et d'une grandeur extraordinaire : elle est de bois doré; mais le visage, les mains et les pieds sont de marbre.

Nous vîmes dans le temple de Diane le tombeau d'un citoyen de Platée, nommé Euchidas. On nous dit à cette occasion qu'après la défaite des Perses l'oracle avait ordonné aux Grecs d'éteindre le feu dont ils se servaient, parce qu'il avait été souillé par les barbares, et de venir prendre à Delphes celui dont ils useraient désormais pour leurs sacrifices. En conséquence, tous les feux de la contrée furent éteints. Euchidas partit aussitôt pour Delphes; il prit du feu sur l'autel, et étant revenu le même jour à Platée avant le coucher du soleil,

6.

il expira quelques moments après. Il avait fait mille stades à pied
Cette extrême diligence étonnera sans doute ceux qui ne savent pas
que les Grecs s'exercent singulièrement à la course, et que la plupart
des villes entretiennent des coureurs, accoutumés à parcourir dans un
jour des espaces immenses.

Nous passâmes ensuite par la bourgade de Leuctres et la ville de
Thespies, qui devront leur célébrité à de grands désastres. Auprès de
la première s'était donnée, quelques années auparavant, cette bataille
sanglante qui renversa la puissance de Lacédémone : la seconde fut
détruite, ainsi que Platée, dans les dernières guerres. Les Thébains
n'y respectèrent que les monuments sacrés. Deux entre autres fixèrent
notre attention : le temple d'Hercule, desservi par une prêtresse qui
est obligée de garder le célibat pendant toute sa vie, et la statue de ce
Cupidon, que l'on confond quelquefois avec l'amour : ce n'est qu'une
pierre informe, et tel qu'on la tire de la carrière ; car c'est ainsi qu'anciennement on représentait les objets du culte public.

Nous allâmes coucher dans un lieu nommé Ascra, distant de Thespies
d'environ quarante stades : hameau dont le séjour est insupportable
en été et en hiver ; mais c'est la patrie d'Hésiode.

Le lendemain un sentier étroit nous conduisit au bois sacré des
Muses : nous nous arrêtâmes, en y montant, sur les bords de la fontaine d'Aganipne, ensuite auprès de la statue de Linus, l'un des plus
anciens poètes de la Grèce : elle est placée dans une grotte, comme
dans un petit temple. A droite, à gauche, nos regards parcouraient
avec plaisir les nombreuses demeures que les habitants de la campagne
se sont construites sur ces hauteurs.

Nous étions alors sur l'Hélicon, sur cette montagne si renommée
par la pureté de l'air, l'abondance des eaux, la fertilité des vallées, la
fraîcheur des ombrages, et la beauté des arbres antiques dont elle est
couverte. Les paysans des environs nous assuraient que les plantes y
sont tellement salutaires, qu'après s'en être nourris, les serpents n'ont
plus de venin. Ils trouvaient une douceur exquise dans le fruit de leurs
arbres, et surtout dans celui de l'andrachné.

Les Muses règnent sur l'Hélicon. Leur histoire ne présente que des
traditions absurdes ; mais leurs noms indiquent leur origine. Il paraît
en effet que les premiers poètes, frappés des beautés de la nature,
se laissèrent aller au besoin d'invoquer les nymphes des bois, des

montagnes, des fontaines , et que, cédant au goût de l'allégorie, alors généralement répandu, ils les désignèrent par des noms relatifs à l'influence qu'elles pouvaient avoir sur les productions de l'esprit. Ils ne reconnurent d'abord que trois Muses : Mélète, Mnémé, Aœdé, c'est-à-dire la *méditation*, ou la réflexion qu'on doit apporter au travail, la *mémoire*, qui éternise les faits éclatants, et le *chant*, qui accompagne le récit. A mesure que l'art des vers fit des progrès, on en personnifia les caractères et les effets. Le nombre des Muses s'accrut, et les noms qu'elles reçurent alors se rapportèrent aux charmes de la poésie, à son origine céleste, à la beauté de son langage, aux plaisirs et à la gaîté qu'elle procure, aux chants et à la danse qui relèvent son éclat, à la gloire dont elle est couronnée. Dans la suite, on leur associa les Grâces, qui doivent embellir la poésie, et l'Amour, qui en est si souvent l'objet.

Nous quittâmes ces retraites délicieuses, et nous nous rendîmes à Lébadée, située au pied d'une montagne d'où sort la petite rivière d'Hercyne, qui forme dans sa chute des cascades sans nombre. La ville présente de tous côtés des monuments de la magnificence et du goût des habitants. Nous nous en occupâmes avec plaisir, mais nous étions encore plus pressés de voir l'antre de Trophonius, un des plus célèbres oracles de la Grèce : une indiscrétion de Philotas nous empêcha d'y descendre.

Un soir que nous soupions chez un des principaux de la ville, la conversation roula sur les merveilles opérées dans cette caverne mystérieuse. Philotas témoigna quelques doutes, et observa que ces faits surprenants n'étaient pour l'ordinaire que des effets naturels. J'étais une fois dans un temple, ajouta-t-il : la statue du dieu paraissait couverte de sueur : le peuple criait au prodige, mais j'appris ensuite qu'elle était faite d'un bois qui avait la propriété de suer par intervalles. A peine eut-il proféré ces mots, que nous vîmes un des convives pâlir et sortir quelques moments après : c'était un des prêtres de Trophonius. On nous conseilla de ne point nous exposer à sa vengeance, en nous enfonçant dans un souterrain dont les détours n'étaient connus que de ces ministres.

Trophonius était un architecte qui, conjointement avec son frère Agamède, construisit le temple de Delphes. Les uns disent qu'ils y pratiquèrent une issue secrète pour voler pendant la nuit les trésors qu'on y déposait, et qu'Agamède ayant été pris dans un piège tendu à dessein, Trophonius, pour écarter tout soupçon, lui coupa la tête, et fut quelques temps après englouti dans la terre entr'ouverte sous ses pas. D'autres soutiennent que les deux frères ayant achevé le temple, supplièrent Apollon de leur accorder une récompense ; que le dieu leur répondit qu'ils la recevraient sept jours après ; et que le septième jour étant passé, ils trouvèrent la mort dans un sommeil paisible. On ne varie pas moins sur les raisons qui ont mérité les honneurs divins à Trophonius. Presque tous les objets du culte des Grecs ont des origines qu'il est impossible d'approfondir, et inutile de discuter.

Le chemin qui conduit de Lébadée à l'antre de Trophonius est entourée de temples et de statues. Cet antre, creusé un peu au-dessus du bois sacré, offre d'abord aux yeux une espèce de vestibule entouré d'une balustre de marbre blanc, sur laquelle s'élèvent des obélisques de bronze. De là on entre dans une grotte taillée à la pointe du marteau, haute de huit coudées, large de quatre : c'est là que se trouve la bouche de l'antre : on y descend par le moyen d'une échelle ; et, parvenu à une certaine profondeur, on ne trouve plus qu'une ouverture extrêmement étroite : il faut y passer les pieds, et quand, avec bien de la peine, on a introduit le reste du corps, on se sent entraîner avec la rapidité du torrent jusqu'au fond du souterrain. Est-il question d'en sortir, on est relancé, la tête en bas, avec la même force et la même vitesse. Des compositions de miel qu'on est obligé de tenir, ne permettent pas de porter la main sur les ressorts employés pour accélérer la descente ou le retour ; mais, pour écarter tout soupçon de supercherie, les prêtres supposent que l'antre est rempli de serpents, et qu'on se garantit de leurs morsures en leur jetant ces gâteaux de miel.

On ne doit s'engager dans la caverne que pendant la nuit, qu'après de longues préparations, qu'à la suite d'un examen rigoureux. Tersidas, c'est le nom du Thébain qui venait consulter l'oracle, avait passé quelques jours dans une chapelle consacrée à la Fortune et au bon Génie, faisant usage du bain froid, s'abstenant de vin et de toutes les choses condamnées par le rituel, se nourrissant des victimes qu'il avait offertes lui-même.

A l'entrée de la nuit on sacrifia un bélier ; et les devins ayant examiné les entrailles, comme ils avaient fait dans les sacrifices précédents, déclarèrent que Trophonius agréait l'hommage de Tersidas, et

répondrait à ses questions. On le mena sur les bords de la rivière
d'Hercyne, où deux jeunes enfants, âgés de treize ans, le frottèrent
d'huile, et firent sur lui diverses ablutions ; de là il fut conduit à
deux sources voisines, dont l'une s'appelle la fontaine de Léthé, et
l'autre la fontaine de Mnémosyne : la première efface le souvenir du
passé ; la seconde grave dans l'esprit ce qu'on voit et ce qu'on entend
dans la caverne. On l'introduisit tout seul dans une chapelle où se
trouve une ancienne statue de Trophonius. Tersidas lui adressa ses prières,
et s'avança vers la caverne, vêtu d'une robe de lin. Nous le suivîmes à
la faible lueur des flambeaux qui le précédaient : il entra dans la grotte,
et disparut à nos yeux.

En attendant son retour, nous étions attentifs aux propos des autres
spectateurs. Il s'en trouvait plusieurs qui avaient été dans le souterrain : les uns disaient qu'ils n'avaient rien vu, mais que l'oracle leur
avait donné sa réponse de vive voix ; d'autres, au contraire, n'avaient
rien entendu, mais avaient eu des apparitions propres à éclaircir
leurs doutes. Un citoyen de Lébadée, petit-fils de Timarque, disciple
de Socrate, nous raconta ce qui était arrivé à son aïeul : il le tenait du
philosophe Cébès de Thèbes, qui le lui avait rapporté presque dans
les mêmes termes dont Timarque s'était servi.

J'étais venu, disait Timarque, demander à l'oracle ce qu'il fallait
penser du génie de Socrate. Je ne trouvai d'abord dans la caverne
qu'une obscurité profonde. Je restai longtemps couché par terre,
adressant mes prières à Trophonius, sans savoir si je dormais ou si
je veillais : tout à coup j'entendis des sons agréables, mais qui n'é-
taient point articulés, et je vis une infinité de grandes îles éclairées
par une lumière douce ; elles changeaient à tous moments de place et
de couleur, tournant sur elles-mêmes, et flottant sur une mer, aux
extrémités de laquelle se précipitaient deux torrents de feu. Près de
moi s'ouvrait un abîme immense, où des vapeurs épaisses semblaient
bouillonner, et du fond du gouffre s'élevait des mugissements d'animaux, confusément mêlés avec des cris d'enfants et des gémissements
d'hommes et de femmes.

Pendant que tous ces sujets de terreur remplissaient mon âme d'é-
pouvante, une voix inconnue me dit d'un ton lugubre : Timarque,
que veux-tu savoir ? Je répondis presque au hasard : Tout, car tout
ici me paraît admirable. La voix reprit : Les îles que tu vois au loin
sont les régions supérieures : elles obéissent à d'autres dieux ; mais

tu peux parcourir l'empire de Proserpine, que nous gouvernons, et qui est séparé de ces régions par le Styx. Je demandai ce que c'était que le Styx. La voix répondit : C'est le chemin qui conduit aux enfers, et la ligne qui sépare les ténèbres de la lumière.

Après avoir un peu plus étendu ces idées, la voix me dit : Jeune homme, tu connaîtras mieux cette doctrine dans trois mois, tu peux maintenant partir. Alors elle se tut : je voulus me tourner pour voir d'où elle venait, mais je me sentis à l'instant une très-grande douleur à la tête, comme si on me la comprimait avec violence : je m'évanouis ; et quand je commençai à me reconnaître, je me trouvai hors de la caverne. Tel était le récit de Timarque. Son petit-fils ajouta que son aïeul, de retour à Athènes, mourut trois mois après, comme l'oracle le lui avait prédit.

Nous passâmes la nuit et une partie du jour suivant à entendre de pareils récits : en les combinant, il nous fut aisé de voir que les ministres du temple s'introduisaient dans la caverne par des routes secrètes, et qu'ils joignaient la violence aux prestiges, pour troubler l'imagination de ceux qui venaient consulter l'oracle.

Nous descendîmes de la montagne, et quelques jours après nous prîmes le chemin de Thèbes. Nous passâmes par Chéronée, dont les habitants ont pour objet principal de leur culte le sceptre que Vulcain fabriqua par ordre de Jupiter, et qui de Pélops passa successivement entre les mains d'Atrée, de Thyeste et d'Agamemnon. Il n'est point adoré dans un temple, mais dans la maison d'un prêtre : tous les jours on lui fait des sacrifices, et on lui entretient une table bien servie.

De Chéronée nous nous rendîmes à Thèbes, après avoir traversé des bois, des collines, des campagnes fertiles, et plusieurs petites rivières. Cette ville, une des plus considérables de la Grèce, est entourée de murs, et défendue par des tours. On y entre par sept portes : son enceinte est de quarante trois stades. La citadelle est placée sur une éminence où s'établirent les premiers habitants de Thèbes, et d'où sort une source que, dès les plus anciens temps, on a conduite dans la ville par des canaux souterrains.

Ses dehors sont embellis par deux rivières, des prairies et des jardins : ses rues, comme celles de toutes les villes anciennes, manquent d'alignement. Parmi les magnificences qui décorent les édifices publics, on trouve des statues de la plus grande beauté : J'admirai dans le temple d'Hercule la figure colossale de ce dieu, faite par Alcamène, et ses travaux exécutés par Praxitèle ; dans celui d'Apollon Isménien, le Mercure de Phidias et la Minerve de Scopas. Comme quelques-uns de ces monuments furent érigés par d'illustres Thébains, je cherchai la statue de Pindare. On me répondit : Nous ne l'avons pas ; mais voilà celle de Cléon, qui fut le plus habile chanteur de son siècle. Je m'en approchai : et je lus dans l'inscription que Cléon avait illustré sa patrie.

La ville est très-peuplée, ses habitants sont comme ceux d'Athènes, divisés en trois classes : la première comprend les citoyens, la seconde les étrangers régnicoles, la troisième les esclaves. Deux partis, animés l'un contre l'autre, ont souvent occasioné des révolutions dans le gouvernement. Les uns, d'intelligence avec les Lacédémoniens, étaient pour l'oligarchie ; les autres, favorisés par les Athéniens, tenaient pour la démocratie. Ces derniers ont prévalu depuis quelques années, et l'autorité réside absolument entre les mains du peuple.

Thèbes est non-seulement le boulevard de la Béotie ; mais on peut dire encore qu'elle en est la capitale. Elle se trouve à la tête d'une grande confédération, composée des principales villes de la Béotie. Toutes ont le droit d'envoyer des députés à la diète, où sont réglées les affaires de la nation, après avoir été discutées dans quatre conseils différents. Onze chefs connus sous le nom de *béotarques* y président. Elle leur accorde elle-même le pouvoir dont ils jouissent : ils ont une très grande influence sur les délibérations, et commandent pour l'ordinaire les armées. Un tel pouvoir serait dangereux s'il était perpétuel : les béotarques doivent, sous peine de mort, s'en dépouiller à la fin de l'année, fussent-ils à la tête d'une armée victorieuse, et sur le point de remporter de plus grands avantages.

Toutes les villes de la Béotie ont des prétentions et des titres légitimes à l'indépendance ; mais, malgré leurs efforts et ceux des autres peuples de la Grèce, les Thébains n'ont jamais voulu les laisser jouir d'une entière liberté. Auprès des villes qu'ils ont fondées, ils font valoir les droits que les métropoles exercent sur les colonies : aux autres ils opposent la force, qui n'est que trop souvent le premier des titres, ou la possession, qui est le plus apparent de tous. Ils ont détruit

Thespies ou Platée pour s'être séparées de la ligue béotienne, dont ils règlent à présent toutes les opérations, et qui peut mettre plus de vingt mille hommes sur pied. Cette puissance est d'autant plus redoutable que les Béotiens en général sont braves, aguerris, et fiers des victoires qu'ils ont remportées sous Epaminondas : ils ont une force de corps surprenante, et l'augmentent sans cesse par les exercices du gymnase.

Parmi les lois des Thébains, il en est qui méritent d'être citées. L'une défend d'élever aux magistratures tout citoyen qui, dix ans auparavant, n'aurait pas renoncé au commerce de détail ; une autre soumet à l'amende les peintres et les sculpteurs qui ne traitent pas leurs sujets d'une manière décente ; par une troisième, il est défendu d'exposer des enfants qui viennent de naître, comme on fait dans quelques autres villes de la Grèce. Il faut que le père le présente au magistrat, en prouvant qu'il est lui-même hors d'état de les élever : le magistrat les donne, pour une légère somme, au citoyen qui en veut faire l'acquisition, et qui dans la suite les met au nombre de ses esclaves. Les Thébains accordent la faculté du rachat des captifs que le sort des armes fait tomber entre leurs mains, à moins que ces captifs ne soient nés en Béotie ; car alors ils les font mourir.

L'air est très-pur dans l'Attique, et très-épais dans la Béotie, quoique ce dernier pays ne soit séparé du premier que par le mont Cythéron. Cette différence paraît en produire une semblable dans les esprits et confirmer les observations des philosophes sur l'influence du climat ; car les Béotiens n'ont en général ni cette pénétration ni cette vivacité qui caractérisent les Athéniens ; mais peut-être faut-il en accuser encore plus l'éducation que la nature. S'ils paraissent pesants et stupides, c'est qu'ils sont ignorants et grossiers : comme ils s'occupent plus des exercices du corps que de ceux de l'esprit, ils n'ont ni le talent de la parole, ni les grâces de l'élocution, ni les lumières qu'on puise dans le commerce des lettres, ni ces dehors séduisants qui viennent plus de l'art que de la nature.

Cependant il ne faut pas croire que la Béotie ait été stérile en hommes de génie : plusieurs Thébains ont fait honneur à l'école de Socrate ; Epaminondas n'était pas moins distingué par ses connaissances que par ses talents militaires. J'ai vu dans mon voyage quantité de personnes très-instruites, entre autres Anaxis et Dionysiodore, qui composaient une nouvelle histoire de la Grèce. Enfin c'est en Béotie que reçurent le jour Hésiode, Corinne et Pindare.

Hésiode a laissé un nom célèbre et des ouvrages estimés. Comme on l'a supposé contemporain d'Homère, quelques-uns ont pensé qu'il était son rival, mais Homère ne pouvait avoir de rivaux.

Il excella dans un genre de poésie qui demande peu d'élévation ; Pindare dans celui qui en exige le plus. Ce dernier florissait au temps de l'expédition de Xerxès, et vécut environ soixante-cinq ans. Il prit des leçons de poésie et de musique sous différents maîtres, et en particulier sous Myrtis, femme distinguée par ses talents, plus célèbre encore pour avoir compté parmi ses disciples Pindare et la belle Corinne. Ces deux élèves furent liés, du moins par l'amour des arts. Pindare, plus jeune que Corinne, se faisait un devoir de la consulter. Ayant appris d'elle que la poésie doit s'enrichir des fictions de la fable, il commença ainsi une de ses pièces : « Dois-je chanter le fleuve Isménus, la nymphe Mélie, Cadmus, Hercule, Bacchus, etc. ? » Tous ces noms étaient accompagnés d'épithètes. Corinne lui dit en souriant : « Vous avez pris un sac de grain pour ensemencer une pièce de terre ; et, au lieu de semer avec la main, vous avez, dès les premiers pas, renversé le sac. »

Il s'exerça dans tous les genres de poésie, et dut principalement sa réputation aux hymnes qu'on lui demandait, soit pour honorer les fêtes des dieux, soit pour relever le triomphe des vainqueurs aux jeux de la Grèce.

Son génie vigoureux et indépendant ne s'annonce que par des mouvements irréguliers, fiers et impétueux. Les dieux sont-ils l'objet de ses chants, il s'élève, comme un aigle, jusqu'au pied de leurs trônes : si ce sont les hommes, il se précipite dans la lice comme un coursier fougueux : dans les cieux, sur la terre, il roule, pour ainsi dire, un torrent d'images sublimes, de métaphores hardies, de pensées fortes, et de maximes étincelantes de lumières.

Pourquoi voit-on quelquefois ce torrent franchir ses bornes, rentrer dans son lit, en sortir avec plus de fureur, y revenir pour achever paisiblement sa carrière? C'est qu'alors, semblable à un lion qui s'élance à plusieurs reprises en des sentiers détournés, et ne se repose qu'après avoir saisi sa proie, Pindare poursuit avec acharnement un objet qui paraît et disparaît à ses regards. Il court, il vole sur les traces de la gloire ; il est tourmenté du besoin de la montrer à sa nation. Quand elle n'éclate pas assez dans les vainqueurs qu'il célèbre, il va la chercher dans leurs aïeux, dans leur patrie, dans les instituteurs des jeux, partout où il en reluit des rayons qu'il a le secret de joindre à ceux dont il couronne ses héros : à leur aspect, il tombe dans un délire que rien ne peut arrêter ; il assimile leur éclat à celui de l'astre du jour ; il place l'homme qui les a recueillis au faîte du bonheur : si cet homme joint les richesses à la beauté, il le place sur le trône même de Jupiter, et, pour le prémunir contre l'orgueil, il se hâte de lui rappeler que, revêtu d'un corps mortel, la terre sera bientôt son dernier vêtement.

Aujourd'hui encore, ceux qui assistent aux brillantes solennités de la Grèce, qui voient un athlète au moment de son triomphe, qui le suivent lorsqu'il rentre dans la ville où il reçut le jour ; qui entendent retentir autour de lui ces clameurs, ces transports d'admiration et de joie au milieu desquels sont mêlés les noms de leurs ancêtres qui méritent les mêmes distinctions, les noms des dieux tutélaires qui ont ménagé une telle victoire à leur patrie : tous ceux-là, dis-je, au lieu d'être surpris des écarts de l'enthousiasme de Pindare, trouveront sans doute que sa poésie, toute sublime qu'elle est, ne saurait rendre l'impression qu'ils ont reçue eux-mêmes.

Pindare, souvent frappé d'un spectacle aussi touchant que magnifique, partagea l'ivresse générale ; et, l'ayant fait passer dans ses tableaux, il se constitua le panégyriste et le dispensateur de la gloire ; par là tous ses sujets furent ennoblis et reçurent un caractère de majesté. Il eut à célébrer des rois illustres et des citoyens obscurs : dans les uns et dans les autres, ce n'est pas l'homme qu'il envisage, c'est le vainqueur. Sous prétexte que l'on se dégoûte aisément des éloges dont on n'est pas l'objet, il ne s'appesantit pas sur les qualités personnelles, mais, comme les vertus des rois sont des titres de gloire, il les loue du bien qu'ils ont fait, et leur montre celui qu'ils peuvent faire. « Soyez justes, ajoute-t-il, dans toutes vos actions, vrais dans toutes vos paroles ; songez que, des milliers de témoins ayant les yeux fixés sur vous, la moindre faute de votre part serait un mal funeste. » C'est ainsi que louait Pindare : il ne prodiguait point l'encens, et n'accordait pas à tout le monde le droit d'en offrir. « Les louanges, disait-il, sont le prix des belles actions : à leur douce rosée,

les vertus croissent comme les plantes à la rosée du ciel ; mais il
n'appartient qu'à l'homme de louer les gens de bien. »

Au lieu de détailler les beautés qu'il a semées dans ses ouvrages,
je me suis borné à remonter au noble sentiment qui les anime. Il me
sera donc permis de dire comme lui : » J'avais beaucoup de traits à
lancer ; j'ai choisi celui qui pouvait laisser dans le but une empreinte
honorable. »

Il me reste à donner quelques notions sur sa vie et sur son caractère. J'en ai puisé les principales dans ses écrits, où les Thébains as-
surent qu'il s'est peint lui-même. « Il fut un temps où un vif intérêt
ne souillait point le langage de la poésie. Que d'autres aujourd'hui
soient éblouis de l'éclat de l'or, qu'ils étendent au loin leurs possessions : je n'attache de prix aux richesses que lorsque, tempérées et
embellies par les vertus, elles nous mettent en état de nous couvrir
d'une gloire immortelle. Mes paroles ne sont jamais éloignées de ma
pensée. J'aime mes amis, je hais mon ennemi, mais je ne l'attaque
point avec les armes de la calomnie et de la satyre. L'envie n'obtient
de moi qu'un mépris qui l'humilie : pour toute vengeance, je l'abandonne à l'ulcère qui lui ronge le cœur. Jamais les cris impuissants de
l'oiseau timide et jaloux n'arrêteront l'aigle audacieux qui plane dans
les airs.

» Au milieu du flux et reflux de joies et de douleurs qui roulent
sur la tête des mortels, qui peut se flatter de jouir d'une félicité cons-
tante ? J'ai jeté les yeux autour de moi, et, voyant qu'on est plus heureux dans la médiocrité que dans les autres états, j'ai plaint la destinée des hommes puissants, et j'ai prié les dieux de ne pas m'acca-
bler sous le poids d'une telle prospérité : je marche par des voies
simples, content de mon état, et chéri de mes concitoyens, toute mon
ambition est de leur plaire, sans renoncer au privilége de m'expliquer librement sur les choses honnêtes et sur celles qui ne le sont
pas. C'est dans ces dispositions que j'approche tranquillement de la
vieillesse : heureux si, parvenu aux noirs confins de la vie, je laisse à
mes enfants le plus précieux des héritages, celui d'une bonne renommée ! »

Les vœux de Pindare furent remplis ; il vécut dans le sein du repos
et de la gloire. Il est vrai que les Thébains le condamnèrent à une

l'amende pour avoir loué les Athéniens, leurs ennemis, et que, dans les combats de poésie, les pièces de Corinne eurent cinqfois la préférence sur les siennes; mais à ces orages passagers succédaient bientôt des jours sereins. Les Athéniens et toutes les nations de la Grèce le comblèrent d'honneurs; Corinne elle-même rendit justice à la supériorité de son génie.

Les Thébains sont courageux, insolents, audacieux et vains; ils passent rapidement de la colère à l'insulte, et du mépris des lois à l'oubli de l'humanité. Le moindre intérêt donne lieu à des injustices criantes, et le moindre prétexte à des assassinats. Les femmes sont grandes, bien faites, blondes pour la plupart; leur démarche est noble et leur parure assez élégante. En public, elles couvrent leurs visages de manière à ne laisser voir que leurs yeux; leurs cheveux sont noués au-dessus de la tête, et leurs pieds comprimés dans des mules teintes en pourpre, et si petites, qu'ils restent presqu'entièrement à découvert, leur voix est infiniment douce est sensible : celle des hommes est rude, désagréable; et en quelque façon assortie à leur caractère.

On chercherait en vain les traits de ce caractère dans un corps de jeunes guerriers qu'on appelle le bataillon sacré : ils sont au nombre de trois cents, élevés en commun, et nourris dans la citadelle aux dépens du public. Les sons mélodieux d'une flûte dirigent leurs exercices et jusqu'à leurs amusements. Pour empêcher que leur valeur ne dégénère en une fureur aveugle, on imprime dans leurs âmes le sentiment le plus noble et le plus vif.

Il faut que chaque guerrier se choisisse dans le corps un ami auquel il reste inséparablement uni. Toute son ambition est de lui plaire, de mériter son estime, de partager ses plaisirs et ses peines dans le courant de la vie, ses travaux et ses dangers dans les combats. S'il était capable de ne pas se respecter assez, il se respecterait dans un ami dont la censure est pour lui le plus cruel des tourments, dont les éloges sont ses plus chères délices. Cette union presque surnaturelle, fait préférer la mort à l'infamie, et l'amour de la gloire à tous les autres intérêts. Un de ces guerriers, dans le fort de la mêlée, fut renversé le visage contre terre. Comme il vit un soldat ennemi prêt à lui enfoncer l'épée dans les reins : « Attendez, lui dit-il en se soulevant, plongez ce fer dans ma poitrine; mon ami aurait trop à rougir si l'on pouvait soupçonner que j'ai reçu la mort en prenant la fuite. »

Autrefois on distribuait par pelotons les trois cents guerriers à la tête des différentes divisions de l'armée. Pélopidas qui eut souvent l'honneur de les commander, les ayant fait combattre en corps, les Thébains leur durent presque tous les avantages qu'ils remportèrent sur les Lacédémoniens. Philippe détruisit à Chéronnée cette cohorte jusqu'alors invincible; et ce prince en voyant ces jeunes Thébains étendus sur le champ de bataille, couverts de blessures honorables, et pressés les uns contre les autres dans le même poste qu'ils avaient occupé, ne put retenir ses larmes, et rendit un témoignage éclatant à leur vertu ainsi qu'à leur courage.

On a remarqué que les nations et les villes, ainsi que les familles, ont un vice ou un défaut dominant, qui, semblable à certaines maladies, se transmet de race en race, avec plus ou moins d'énergie; de là ces reproches qu'elles se font mutuellement, et qui deviennent des espèces de proverbes. Ainsi les Béotiens disent communément que l'envie a fixé son séjour à Tanagra, l'amour des illicites à Orope, l'esprit de contradiction à Thesples, la violence à Thèbes, l'avidité à Anihédon, le faux empressement à Coronnée, l'ostentation à Platée, et la stupidité à Haliarte.

En sortant de Thèbes nous passâmes auprès d'un assez grand lac, nommé Hylica, où se jettent les rivières qui arrosent le territoire de cette ville : de là nous nous rendîmes sur les bords du lac Copaïs, qui fixa toute notre attention.

Dans l'endroit le plus voisin de la mer, le lac se termine en trois baies qui s'avancent jusqu'au pied du mont Ptoüs, placé entre la mer et le lac. Du fond de chacune de ces baies partent quantité de canaux qui traversent la montagne dans toute sa largeur : les uns ont trente stades de longueur, les autres beaucoup plus. Pour les creuser ou pour les nettoyer, on avait ouvert de distance en distance, sur la montagne, des puits qui nous parurent d'une profondeur immense. Quand on est sur les lieux, on est effrayé de la difficulté de l'entreprise, ainsi que des dépenses qu'elle dut occasioner, et du temps qu'il fallut pour la terminer. Ce qui surprend encore, c'est que ces travaux, dont il ne reste aucun souvenir dans l'histoire ni dans la tradition, doivent remonter à la plus haute antiquité, et que, dans ces siècles reculés, on ne voit aucune puissance en Béotie capable de former et d'exécuter un si grand projet.

Après avoir traversé Oponte et quelques autres villes qui appartiennent aux Locriens, nous arrivâmes au pas des Thermopyles. Un secret frémissement me saisit à l'entrée de ce fameux défilé, où quatre mille Grecs arrêtèrent durant plusieurs jours l'armée innombrable des Perses, et dans lequel périt Léonidas avec les trois cents Spartiates qu'il commandait. Ce passage est resserré, d'un côté par de hautes montagnes, de l'autre par la mer.

Une foule de circonstances faisaient naître dans nos âmes les plus fortes émotions. Cette mer autrefois teinte du sang des nations, ces montagnes dont les sommets s'élèvent jusqu'aux nues, cette solitude profonde qui nous environnait, le souvenir de tant d'exploits que l'aspect des lieux semblait rendre présents à nos regards, enfin cet intérêt si vif que l'on prend à la vertu malheureuse, tout excitait notre admiration ou notre attendrissement, lorsque nous vîmes auprès de nous les monuments que l'assemblée des Amphictyons fit élever sur la colline dont je viens de parler. Ce sont de petites cippes en l'honneur des trois cents Spartiates et des différentes troupes grecques qui combattirent. Nous approchâmes du premier qui s'offrit à nos yeux et nous y lûmes : « C'est ici que quatre mille Grecs du Péloponèse ont combattu contre trois millions de Perses. » Nous approchâmes d'un second, et nous y lûmes ces mots de Simonide : « Passant, va dire à Lacédémone que nous reposons ici pour avoir obéi à ses saintes lois. » Avec quel sentiment de grandeur, avec quelle sublime indifférence a-t-on annoncé de pareilles choses à la postérité! Le nom de Léonidas et de ses trois cents compagnons ne sont point dans cette seconde inscription ; c'est qu'on n'a pas même soupçonné qu'ils pussent jamais être oubliés. J'ai vu plusieurs Grecs les réciter de mémoire, et se les transmettre les uns aux autres. Dans une troisième inscription, pour le divin Mégistias, il est dit que ce Spartiate, instruit du sort qui l'attendait, avait mieux aimé mourir que d'abandonner l'armée des Grecs. Auprès de ces monuments funèbres est un trophée que Xerxès fit élever, et qui honore plus les vaincus que les vainqueurs.

XXXI

Voyage de Thessalie. — Amphytrion. — Magicienne. — Rois de Phères.
— Vallée de Tempé.

En sortant des Thermopyle, on entre dans la Thessalie. Cette contrée, dans laquelle on comprend la Magnésie et divers autres petits
cantons qui ont des dénominations particulières, est bornée à l'est par
la mer, au nord par le mont Olympe, à l'ouest par le mont Pindus, au
sud par le mont Œta. De ces bornes éternelles partent d'autres chaînes de montagnes et de collines qui serpentent dans l'intérieur du
pays. Elles embrassent par intervalles des plaines fertiles, qui, par
leur forme et leur enceinte ressemblent à de vastes amphithéâtres.
Des villes opulentes s'élèvent sur les hauteurs qui entourent ces plaines : tout le pays est arrosé de rivières, dont la plupart tombent dans
le Pénée qui, avant de se jeter dans la mer, traversent la fameuse
vallée connue sous le nom de Tempé.

A quelques stades des Termopiles, nous trouvâmes le petit bourg
d'Anthéla, célèbre par un temple de Cérès et par l'assemblée des Amphictyons qui s'y tient tous les ans. Cette diète serait la plus utile, et
par conséquent la plus belle des institutions, si les motifs d'humanité
qui la firent établir n'étaient forcés de céder aux passions de ceux qui
gouvernent les peuples. Suivant les uns, Amphictyon, qui régnait aux
environs, en fut l'auteur ; suivant d'autres, ce fut Acrisius, roi d'Argos. Ce qui paraît certain, c'est que, dans les temps les plus reculés,
douze nations du nord de la Grèce, telles que les Doriens, les Ioniens,
les Phocéens, les Béotiens, les Thessaliens, etc., formèrent une confédération pour prévenir les maux que la guerre entraîne à sa suite. Il

fut réglé qu'elles enverraient tous les ans des députés à Delphes ; que les attentats commis contre le temple d'Apollon qui avait reçu leurs serments, et tous ceux qui sont contraires au droit des gens dont ils devaient être les défenseurs, seraient déférés à cette assemblée, que chacune des douze nations aurait deux suffrages à donner par ses députés, et s'engagerait à faire exécuter les décrets de ce tribunal auguste.

La ligue fut cimentée par un serment qui s'est toujours renouvelé depuis. « Nous jurons, dirent les peuples associés, de ne jamais renverser les villes amphictyoniques ; de ne jamais détourner, soit pendant la paix, soit pendant la guerre, les sources nécessaires à leurs besoins : si quelque puissance ose l'entreprendre, nous marcherons contre elle, et nous détruirons ses villes. Si des impies enlèvent les offrandes du temple d'Apollon, nous jurons d'employer nos pieds, nos bras, notre voix, toutes nos forces contre eux et contre leurs complices. »

L'assemblée des Amphictyons se tient au printemp. à Delphes ; en automne au bourg d'Anthéla. Elle attire un grand nombre de spectateurs, et commence par des sacrifices offerts pour le repos et le bonheur de le Grèce. Outre les causes énoncées dans le serment que j'ai cité, on y juge les contestations élevées entre des villes qui prétendent présider aux sacrifices faits en commun, ou qui, après une bataille gagnée, voudraient en particulier s'arroger des honneurs qu'elles devraient partager. On y porte d'autres causes tant civiles que criminelles, mais surtout les actes qui violent ouvertement le droit des gens. Les députés des parties disputent l'affaire, le tribunal prononce à la pluralité des voix, il décerne une amende contre les nations coupables ; après les délais accordés, intervient un second jugement qui l'amende du double. Si elles n'obéissent pas, l'assemblée est en droit d'appeler au secours de son décret, et d'armer contre elle tout le corps amphictyonique, c'est-à-dire une grande partie de la Grèce. Elle a le droit aussi de les séparer de la ligue amphictyonique, ou de la commune union du temple.

D'Anthéla, nous entrâmes dans le pays des Trachiniens, et nous vîmes aux environs les gens de la campagne occupés à recueillir l'ellébore précieux qui croît sur le mont Œta. L'envie de satisfaire votre curiosité nous obligea de prendre la route d'Hypate. On nous avait dit que nous trouverions beaucoup de magiciennes en Thessalie, et surtout dans cette ville. Nous y vîmes en effet plusieurs femmes du peuple qui pouvaient, à ce qu'on disait, arrêter le soleil, attirer la lune sur la terre, exciter ou calmer les tempêtes, rappeler les morts à la vie, ou précipiter les vivants dans le tombeau.

On nous mena secrètement chez quelques vieilles femmes dont la misère était aussi excessive que l'ignorance : elles se vantaient d'avoir des charmes contre les morsures des scorpions et des vipères, d'en avoir pour rendre languissants et sans activité les feux d'un jeune époux, ou pour faire périr les troupeaux et les abeilles. Nous en vîmes qui travaillaient à des figures de cire ; elles les chargeaient d'imprécations, leur enfonçaient des aiguilles dans le cœur, et les exposaient ensuite dans les différents quartiers de la ville. Ceux dont on avait copié les portraits, frappés de terreur se croyaient dévoués à la mort, et cette crainte abrégeait quelquefois leurs jours.

Nous surprîmes une de ces femmes tournant rapidement un rouet, et prononçant des paroles mystérieuses. Son objet était de rappeler le jeune Polyclète, qui avait abandonné Salamis, une des femmes les plus distinguées de la ville. Pour connaître les suites de cette aventure, nous fîmes quelques présents à Mycale ; c'était le nom de la magicienne. Quelques jours après, elle nous dit : Salamis ne veut pas attendre l'effet de mes premiers enchantements ; elle viendra ce soir en essayer de nouveaux, je vous cacherai dans un réduit d'où vous pourrez tout voir et tout entendre. Nous fûmes exacts au rendez-vous. Mycale faisait les préparatifs des mystères : on voyait autour d'elle des branches de laurier, des plantes aromatiques, des lames d'airain gravées en caractères inconnus ; des flocons de laine de brebis teints en pourpre ; des clous détachés d'un gibet, et encore chargés de dépouilles sanglantes, des crânes humains à moitié dévorés par des bêtes féroces ; des fragments de doigts, de nez et d'oreilles, arrachés à des cadavres ; des entrailles de victimes, une fiole où l'on conservait le sang d'un homme qui avait péri de mort violente ; une figure d'Hécate en cire, peinte en blanc, en noir, en rouge, tenant un fouet, une lampe et une épée entourée d'un serpent ; plusieurs vases remplis d'eau de fontaine, de lait de vache, de miel de montagne ; le rouet magique, des instruments d'airain, des cheveux de Polyclète, un morceau de la frange de sa robe, enfin quantité d'autres objets qui fixaient notre attention, lorsqu'un bruit léger nous annonça l'arrivée de Salamis.

Nous nous glissâmes dans une chambre voisine. La belle Thessalienne entra pleine de fureur et d'amour : après des plaintes amères contre son amant et contre la magicienne, les cérémonies commencèrent. Pour les rendre plus efficaces, il faut en général que les rites aient quelque rapport avec l'objet qu'on se propose.

Mycale fit d'abord sur les entrailles des victimes plusieurs libations avec de l'eau, avec du lait, avec du miel : elle prit ensuite des cheveux de Polyclète, les entrelaça, les noua de diverses manières ; et les ayant mêlées avec certaines herbes, elle les jeta dans un brasier ardent. C'était là le moment où Polyclète, entraîné par une force invincible, devait se présenter et tomber aux pieds de sa maîtresse.

Après l'avoir attendu vainement, Salamis, initiée depuis quelque temps dans les secrets de l'art, s'écrie tout à coup : Je veux moi-même présider aux enchantements. Sers mes transports, Mycale; prends ce vase destiné aux libations. Entoure-le de cette laine. Astre de la nuit, prêtez-nous une lumière favorable! et vous, divinité des enfers, qui rôdez autour des tombeaux, et dans les lieux arrosés du sang des mortels, paraissez, terrible Hécate, et que nos charmes soient aussi puissants que ceux de Médée et de Circé! Mycale, répands ce sel dans le feu, en disant : je répands les os de Polyclète. Que le cœur de ce perfide devienne la proie de l'amour comme ce laurier est consumé par la flamme, comme cette cire fond à l'aspect du brasier ; que Polyclète tourne autour de ma demeure comme ce rouet tourne autour de son axe. Jette à pleines mains du son dans le feu ; frappe sur ces vases d'airain. J'entends les hurlements des chiens. Hécate est dans le carrefour voisin ; frappe, te dis-je, et que ce bruit t'avertisse que nous ressentons l'effet de sa présence. Mais déjà les vents retiennent leur haleine, tout est calme dans la nature : hélas! mon cœur seul est agité. O Hécate ! ô redoutable déesse! je fais ces trois libations en votre honneur : je vais faire trois fois une imprécation contre les nouvelles amours de Polyclète. Puisse-t-il abandonner ma rivale comme Thésée abandonna la malheureuse Ariane ! Essayons le plus puissant de nos philtres : pilons ce lézard dans un mortier, mêlons-y de la farine : faisons-en une boisson pour Polyclète. Et toi, Mycale, prends le jus de ces herbes, et va de ce pas le répandre sur le seuil de sa porte. S'il résiste à tant d'efforts réunis, j'en emploierai de plus funeste, et sa mort satisfera ma vengeance. Après ces mots, Salamis se retira.

Les opérations que je viens de décrire étaient accompagnées de formules mystérieuses que Mycale prononçait par intervalle. Ces formules ne méritent pas d'être rapportées; elles ne sont composées que de mots barbares ou défigurés, et qui ne forment aucun sens.

Il nous restait à voir les cérémonies qui servent à évoquer les manes. Mycale nous dit de nous rendre la nuit, à quelque distance de la ville, dans un lieu solitaire et couvert de tombeaux. Nous l'y trouvâmes occupé à creuser une fosse, autour de laquelle nous la vîmes bientôt entasser des herbes, des ossements, des débris de corps humains, des poupées de laine, de cire et de farine, des cheveux d'un Thessalien que nous avions connu, et qu'elle voulait montrer à nos yeux. Après avoir allumé du feu, elle fit couler dans la fosse le sang d'une brebis noire qu'elle avait apportée, et réitéra plus d'une fois les libations, les invocations, les formules secrètes. Elle marchait de temps en temps à pas précipités; les pieds nus, les cheveux épars, faisant des imprécations horribles, et poussant des hurlements qui finirent par la trahir; car ils attirèrent des gardes envoyés par les magistrats, qui l'épiaient depuis longtemps. On la saisit, et on la traîna en prison. Le lendemain nous nous donnâmes quelques mouvements pour la sauver; mais on nous conseilla de l'abandonner aux rigueurs de la justice, et de sortir de la ville.

D'Hypate nous nous rendîmes à Lamia; et, continuant à marcher dans un pays sauvage par un chemin inégal et raboteux, nous parvînmes à Thaumaci, où s'offrit à nous un des plus beaux points de vue que l'on trouve en Grèce; car cette ville domine sur un bassin immense, dont l'aspect cause soudain une vive émotion. C'est dans cette riche et superbe plaine que sont situées plusieurs villes, et entre autres Pharsale, l'une des plus grandes et des plus opulentes de la Thessalie. Nous les parcourûmes toutes, en nous instruisant, autant qu'il était possible, de leurs traditions, de leur gouvernement, du caractère et des mœurs des habitants.

Les Achéens, les Éoliens, les Doriens, de qui descendent les Lacédémoniens, d'autres puissantes nations de la Grèce, tirent leur origine de la Thessalie. Les peuples qu'on y distingue aujourd'hui sont les

Thessaliens proprement dit, les Œtéens, les Phthiotes, les Maliens, les Magnètes, les Perrhèbes, etc. Autrefois ils obéissaient à des rois : ils éprouvèrent ensuite les révolutions ordinaires aux grands et aux petits états ; la plupart sont soumis aujourd'hui au gouvernement oligarchique.

Dans certaines occasions, les villes de chaque canton, c'est-à-dire de chaque peuple, envoient leurs députés à la diète, où se discutent leurs intérêts ; mais les décrets de ces assemblées n'obligent que ceux qui les ont souscrits. Ainsi non-seulement les cantons sont indépendants les uns des autres, mais cette indépendance s'étend encore sur les villes de chaque canton. Par exemple, le canton des Œtéens étant divisé en quatorze districts, les habitants de l'un peuvent refuser de suivre à la guerre ceux des autres. Cette excessive liberté affaiblit chaque canton en l'empêchant de réunir ses forces, et produit tant de longueur dans les délibérations publiques, qu'on se dispose bien souvent de convoquer les diètes.

La confédération des Thessaliens proprement dite est la plus puissante de toutes, soit par la quantité des villes qu'elle possède, soit par l'accession des Magnètes, et des Perrhèbes qu'elle a presque entièrement assujétis.

On voit aussi des villes libres qui semblent ne tenir à aucune des grandes peuplades, et qui, trop faibles pour se maintenir dans un certain degré de considération, ont pris le parti de s'associer avec deux ou trois villes voisines, également isolées, également faibles.

La Thessalie produit du vin, de l'huile, des fruits de différentes espèces. La terre est fertile au point que le blé monterait trop vite si l'on ne prenait pas la précaution de le tondre ou de le faire brouter par les moutons.

Les moissons, pour l'ordinaire très-abondantes, sont souvent détruites par les vers. On voiture une grande quantité de blé en différents ports, et surtout celui de Thèbes en Phthiotie, d'où il passe à l'étranger. Ce commerce, qui produit des sommes considérables, est d'autant plus avantageux pour la nation qu'elle peut facilement l'entretenir, et même l'augmenter, par la quantité surprenante d'esclaves qu'elle possède, et qui sont connus sous le nom de Pénestes. Ils des-

pendent la plupart de ces Perrhèbes et de ces Magnètes que les Thessaliens mirent aux fers après les avoir vaincus; événement qui ne
prouve que trop les contradictions de l'esprit humain. Les Thessaliens
sont peut-être, de tous les Grecs, ceux qui se glorifient le plus de
cette liberté; et ils ont été les premiers à réduire les Grecs en esclavage; les Lacédémoniers, aussi jaloux de leur liberté, ont donné le
même exemple à la Grèce.

Les Pénestes se sont révoltés plus d'une fois : ils sont en si grand
nombre qu'ils inspirent toujours des craintes, et que leurs maîtres
peuvent en faire un objet de commerce et en vendre aux autres peuples de la Grèce. Mais, ce qui est plus honteux encore, on voit ici des
hommes avides voler les esclaves des autres, enlever même des citoyens
libres, et les transporter, chargés de fers, dans les vaisseaux que l'ap-
pât du gain attire en Thessalie.

Les Thessaliens reçoivent les étrangers avec beaucoup d'empressement et les traitent avec magnificence. Le luxe brille dans leurs
habits et dans leur maison; ils aiment à l'excès le faste et la bonne
chère; leur table est servie avec autant de recherche que de profusion,
et les danseuses qu'ils y admettent ne sauraient leur plaire qu'en se
dépouillant de presque tous les voiles de la pudeur.

Ils sont vifs, inquiets, et si difficiles à gouverner, que j'ai vu plusieurs
de leurs villes déchirées par des factions. On leur reproche, comme
à toutes les nations policées, de n'être point esclaves de leur parole,
et de manquer facilement à leurs alliés : leur éducation n'ajoutant
à la nature que des préjugés et des erreurs, la corruption commence
de bonne heure; bientôt l'exemple rend le crime facile, et l'impunité
le rend insolent.

Ils ont tant de goût et d'estime pour l'exercice de la danse, qu'ils
appliquent les termes de cet art aux usages les plus nobles. En certains endroits, les généraux ou les magistrats se nomment les chefs
de la danse. Leur musique tient le milieu entre celle des Doriens et
celle des Ioniens; et comme elle peint tour à tour la confiance de la
présomption et la mollesse de la volupté, elle s'assortit au caractère
et au mœurs de la nation.

A la chasse ils sont obligés de respecter les cigognes. Je ne relèverais pas cette circonstance si l'on ne décernait contre ceux qui tuent

ces oiseaux la même peine que contre les homicides. Étonnés d'une loi si étrange, nous en demandâmes la raison. On nous dit que les cigognes avaient purgé la Thessalie des serpents énormes qui l'infectaient auparavant, et que, sans la loi, on serait bientôt forcé d'abandonner ce pays, comme la multiplicité des taupes avaient fait abandonner une ville de la Thessalie dont j'ai oublié le nom.

De nos jours, il s'était formé dans la ville de Phères une puissance dont l'éclat fut aussi brillant que passager. Lycophron en jeta les premiers fondements, et son successeur Jason l'éleva au point de la rendre redoutable à la Grèce et aux nations éloignées. J'ai tant ouï parler de cet homme extraordinaire, que je crois devoir donner une idée de ce qu'il a fait et de ce qu'il pouvait faire.

Jason avait les qualités les plus propres à fonder un grand empire. Il commença de bonne heure à soudoyer un corps de six mille auxiliaires, qu'il exerçait continuellement et qu'il s'attachait par des récompenses quand ils se distinguaient par des soins assidus, quand ils étaient malades, par des funérailles honorables quand ils mouraient. Il fallait, pour entrer et se maintenir dans ce corps, une valeur éprouvée et l'intrépidité qu'il montrait lui-même dans les travaux et dans les dangers.

Il faut ajouter à ces traits, qu'il gouvernait ses peuples avec douceur; qu'il connut l'amitié au point que Timothée, général des Athéniens, avec qui il était uni par les liens de l'hospitalité, ayant été accusé devant l'assemblée du peuple, Jason se dépouilla de l'appareil du trône, vint à Athènes, se mêla comme simple particulier avec les amis de l'accusé, et contribua, par ses sollicitations, à lui sauver la vie.

Après avoir soumis quelques peuples et fait des traités d'alliance avec d'autres, il communiqua ses projets aux principaux chefs des Thessaliens; il leur peignit la puissance des Lacédémoniens anéantie par la bataille de Leuctres, celle des Thébains hors d'état de subsister longtemps, celle des Athéniens bornée à leur marine, et bientôt éclipsée par des flottes qu'on pourrait construire en Thessalie. Il ajouta que, par des conquêtes et des alliances, il leur serait facile d'obtenir l'empire de la Grèce, et de détruire celui des Perses, dont les expéditions d'Agésilas et du jeune Cyrus avaient récemment dévoilé la fai-

olesse. Ces discours ayant embrasé les esprits, il fut élu chef et géné-
ralissime de la ligue thessalienne, et se vit bientôt après à la tête de vingt
mille hommes d'infanterie, de plus de trois mille chevaux, et d'un nombre très-considérable de troupes légères.

Les jeux pythiques étaient sur le point de se célébrer ; Jason forma
le dessein d'y mener son armée. Les uns crurent qu'il voulait imposer à cette assemblée et se faire donner l'intendance des jeux ; mais,
comme il employait quelquefois des moyens extraordinaires pour
faire subsister ses troupes, ceux de Delphes le soupçonnèrent d'avoir
des vues sur le trésor sacré : ils demandèrent au dieu comment ils
pourraient détourner un pareil sacrilége ; le dieu répondit que ce
soin le regardait. A quelques jours de là Jason fut tué à la tête de son
armée par sept jeunes conjurés qui, dit-on, avaient à se plaindre de
sa sévérité.

Ce fut quelques années après sa mort que nous arrivâmes à Phères,
ville assez grande et entourée de jardins. Nous comptions y trouver
quelques traces de cette splendeur dont elle brillait du temps de Jason;
mais Alexandre y régnait, et offrait à la Grèce un spectacle dont je
n'avais pas d'idée, car je n'avais jamais vu de tyran. Le trône sur lequel
il était assis fumait encore du sang de ses prédécesseurs. J'ai dit que
Jason avait été tué par des conjurés ; ses deux frères Polydore et Polyphron lui ayant succédé. Polyphron assassina Polydore, et fut bientôt
après assassiné par Alexandre, qui régnait depuis près de onze ans
quand nous arrivâmes à Phères.

Ce prince cruel n'avait que des passions avilies par des vices grossiers. Sans foi dans les traités, timide et lâche dans les combats, il
n'eut l'ambition des conquêtes que pour assouvir son avarice, et le goût
des plaisirs que pour s'abandonner aux plus sales voluptés.

Les habitants de Phères vivaient dans l'épouvante et dans cet abatte-
ment que cause l'excès des maux, et qui est un malheur de plus.
Leurs soupirs n'osaient éclater, et les vœux qu'ils formaient en secret
pour la liberté se terminaient par un désespoir impuissant, Alexandre,
agité des craintes dont il agitait les autres, avait le partage des
tyrans, celui de haïr et d'être haï. On démêlait dans ses yeux, à travers l'empreinte de cruauté, le trouble, la défiance et la terreur qui
tourmentaient son âme ; tout lui était suspect. Ses gardes le faisaient

trembler. Il prenait des précautions contre Thébé son épouse, qu'il aimait avec la même fureur qu'il en était jaloux, si l'on peut appeler amour la passion féroce qui l'entraînait auprès d'elle. Il passait la nuit au haut de son palais, dans un appartement où l'on montait par une échelle, et dont les avenues étaient défendues par un dogue qui n'épargnait que le roi, la reine et l'esclave chargé du soin de le nourrir. Il s'y retirait tous les soirs, précédé par ce même esclave qui tenait une épée nue, et qui faisait une visite exacte de l'appartement.

Je vais rapporter un fait singulier, et je ne l'accompagnerai d'aucune réflexion. Eudémus de Chypre, en allant d'Athènes en Macédoine, était tombé malade à Phères. Comme je l'avais vu souvent chez Aristote dont il était l'ami, je lui rendis pendant sa maladie tous les soins qui dépendaient de moi. Un soir que j'avais appris des médecins qu'ils désespéraient de sa guérison, je m'assis auprès de son lit; il fut touché de mon affliction, me tendit la main, et me dit d'une voix mourante : Je dois confier à votre amitié un secret qu'il serait dangereux de révéler à tout autre qu'à vous. Une de ces dernières nuits, un jeune homme d'une beauté ravissante m'apparut en songe, il m'avertit que je guérirais, et que dans cinq ans je serais de retour dans ma patrie ; pour garant de sa prédiction, il ajouta que le tyran n'avait plus que quelques jours à vivre. Je regardai cette confidence d'Eudémus comme un symptôme de délire, et je rentrai chez moi pénétré de douleur.

Le lendemain, à la pointe du jour, nous fûmes éveillés par ces cris mille fois réitérés : Il est mort ! le tyran n'est plus ? il a péri par les mains de la reine ! Nous courûmes aussitôt au palais ; nous y vîmes le corps d'Alexandre livré aux insultes d'une populace qui le foulait aux pieds, et célébrant avec transport le courage de la reine. Ce fut elle, en effet, qui se mit à la tête de la conjuration, soit par haine pour la tyrannie, soit pour venger ses injures personnelles. Les uns disaient qu'Alexandre était sur le point de la répudier ; d'autres qu'il avait fait mourir un jeune Thessalien qu'elle aimait ; d'autres enfin que Pélopidas, tombé quelques années auparavant entre les mains d'Alexandre, avait eu, pendant sa prison, une entrevue avec la reine et l'avait exhortée à délivrer sa patrie et à se rendre digne de sa naissance ; car elle était fille de Jason. Quoi qu'il en soit, Thébé, ayant formé son plan, avertit ses trois frères, Tisiphonus, Pytholaüs et

Lycophron, que son époux avait résolu leur perte, et dès cet instant ils résolurent la sienne.

La veille, elle les tint cachés dans le palais : le soir, Alexandre boit avec excès, monte dans son appartement, se jette sur son lit et s'endort. Thébé descend tout de suite, écarte l'esclave et le dogue, revient avec les conjurés, et se saisit de l'épée suspendue au chevet du lit ; dans ce moment leur courage parut se ralentir, mais Thébé les ayant menacés d'éveiller le roi s'ils hésitaient encore, ils se jetèrent sur lui, et le percèrent de plusieurs coups.

J'allai aussitôt apprendre cette nouvelle à Euloeus, qui n'en parut point étonné. Ses forces se rétablirent ; il périt cinq ans après en Sicile ; et Aristote, qui depuis adressa un dialogue sur l'âme à la mémoire de son ami, prétendait que le songe s'était vérifié dans toutes ses circonstances, puisque c'est retourner dans sa patrie que de quitter la terre.

Après avoir parcouru les environs de Pharès et surtout son port, qu'on nomme Pagase, et qui en est éloigné de quatre-vingt-dix stades, nous visitâmes les parties méridionales de la Magnésie ; nous prîmes ensuite notre route vers le nord, ayant à notre droite la chaîne du mont Pélion. Cette contrée est délicieuse par la douceur du climat, la variété des aspects, et la multiplicité des vallées que forment, surtout dans la partie la plus septentrionale, les branches du mont Pélion et du mont Ossa.

Sur un des sommets du mont Pélion s'élève un temple en l'honneur de Jupiter ; tout auprès est l'antre célèbre où l'on prétend que Chiron avait anciennement établi sa demeure, et qui porte encore le nom de ce centaure. Nous y montâmes à la suite d'une procession de jeunes gens, qui tous les ans vont, au nom d'une ville voisine, offrir un sacrifice au souverain des dieux. Quoique nous fussions au milieu de l'été, et que la chaleur fût excessive au pied de la montagne, nous fûmes obligés de nous couvrir, à leur exemple, d'une toison épaisse. On éprouve en effet sur cette hauteur un froid très-rigoureux, mais dont l'impression est en quelque façon affaiblie par la vue superbe que présentaient d'un côté les plaines de la mer, de l'autre celles de la Thessalie.

7

La montagne est couverte de sapins, de cyprès, de cèdres, de différentes espèces d'arbres, et de simples dont la médecine fait un grand
usage. On nous montra une racine dont l'odeur approchant de celle
du thym, est, dit-on, meurtrière pour les serpents, et qui, dans du
vin, guérit de leurs morsures.

Descendus de la montagne, à la suite de la procession, nous fûmes
priés au repas qui termine la cérémonie. Nous vîmes ensuite une espèce
de danse particulière à quelques peuples de la Thessalie, et très-propre
à exciter le courage et la vigilance des habitants de la campagne. Un
Magnésien se présente avec ses armes ; il les met à terre, et imite les
gestes et la démarche d'un homme qui, en temps de guerre, sème et
laboure son champ. La crainte est empreinte sur son front : il tourne la
tête de chaque côté : il aperçoit un soldat ennemi qui cherche à le surprendre ; aussitôt il saisit ses armes, attaque le soldat, en triomphe,
l'attache à ses bœufs, et le chasse devant lui. Tous ces mouvements
s'exécutent en cadence au son de la flûte.

En continuant notre route, nous arrivâmes à Sycurium. Cette ville,
située sur une colline au pied du mont Ossa, domine de riches campagnes. La pureté de l'air et l'abondance des eaux la rendent un des
plus agréables séjours de la Grèce. De là jusqu'à Larisse, le pays est
fertile et très-peuplé. Il devient plus riant à mesure qu'on approche
de cette ville, qui passe avec raison pour la première et la plus riche
de la Thessalie : ses dehors sont embellis par le Pénée, qui roule auprès
de ses murs des eaux extrêmement claires.

Nous logeâmes chez Amyntor, et nous trouvâmes chez lui tous les
agréments que nous devions attendre de l'ancienne amitié qui le liait
avec le père de Philotas.

Nous étions impatients d'aller à Tempé. Ce nom, commun à plusieurs vallées qu'on trouve en ce canton, désigne plus particulièrement
celle que forment, en se rapprochant, le mont Olympe et le mont
Ossa : c'est le seul grand chemin pour aller de Thessalie en Macédoine. Amyntor voulut nous accompagner. Nous prîmes un bateau, et
au lever de l'aurore nous nous embarquâmes sur le Pénée, le 15 du
mois métageitnion. Bientôt s'offrirent à nous plusieurs villes, telles que
l'holanna, Gyrton, Élatiés, Mopsium, Homolis, les unes placées sur
les bords du fleuve, les autres sur les hauteurs voisines. Après avoir

passé l'embouchure du Titarésius, dont les eaux sont moins pures que celles du Pénée, nous arrivâmes à Gonnus, distante de Larisse d'environ cent soixante stades ; nous y laissâmes notre bateau. C'est là que commence la vallée, et que le fleuve se trouve resserré entre le mont Ossa, qui est à sa droite, et le mont Olympe, qui est à sa gauche, et dont la hauteur est d'un peu plus de dix stades.

Suivant une ancienne tradition, un tremblement de terre sépara ces montagnes, et ouvrit un passage aux eaux qui submergeaient les campagnes. Il est du moins certain que, si l'on fermait ce passage, le Pénée ne pourrait plus avoir d'issue ; car ce fleuve, qui reçoit dans sa course plusieurs rivières, coule dans un terrain qui s'élève par degrés depuis ses bords jusqu'aux collines et aux montagnes qui entourent cette contrée. Ainsi disait-on que, si les Thessaliens ne s'étaient soumis à Xerxès, ce prince aurait pris le parti de s'emparer de Gonnus, et d'y construire une barrière impénétrable au fleuve. Cette ville est très-importante par sa situation : elle est la clé de la Thessalie du côté de la Macédoine, comme les Termopyles le sont du côté de la Phocide.

La vallée s'étend du sud-ouest au nord-est ; sa longueur est de quarante stades, sa plus grande largeur est d'environ deux stades et demi ; mais cette largeur diminue quelquefois au point qu'elle ne paraît être que de cent pieds.

Les montagnes sont couvertes de peupliers, de platanes, de frênes d'une beauté surprenante. De leurs pieds jaillissent des sources d'une eau pure comme le cristal ; et des intervalles qui séparent leurs sommets s'échappe un air frais que l'on respire avec une volupté secrète. Le fleuve présente presque partout un canal tranquille, et dans certains endroits il embrasse de petites îles, dont il éternise la verdure. Des grottes percées dans les flancs des montagnes, des pièces de gazon placés aux deux côtés du fleuve, semblent être l'asile du repos et du plaisir. Ce qui nous étonnait le plus était une certaine intelligence dans la distribution des ornements qui parent ces retraites. Ailleurs c'est l'art qui s'efforce d'imiter la nature ; ici on dirait que la nature veut imiter l'art. Les lauriers de différentes sortes d'arbrisseaux forment d'eux-mêmes des berceaux et des bosquets, et font un beau contraste avec des bouquets de bois placés au pied de l'Olympe. Les rochers sont tapissés d'une espèce de lierre, et les arbres ornés de plantes qui serpentent autour de leur tronc, s'entrelacent dans leurs branches, et tombent en festons et en guirlandes. Enfin, tout présente en ces beaux lieux la décoration la plus riante. De tous côtés l'œil semble respirer la fraîcheur, et l'âme recevoir un nouvel esprit de vie.

Cependant nous suivions lentement la cour du Pénée; mes regards, quoique distraits par une foule d'objets délicieux, revenaient toujours sur ce fleuve. Tantôt je voyais ses flots étinceler à travers le feuillage dont ses bords sont ombragés, tantôt, m'approchant du rivage, je contemplais le cours paisible de ses ondes, qui semblaient se soutenir mutuellement, et remplissaient leur carrière sans tumulte et sans effort. Je disais à Amyntor : Telle est l'image d'une âme pure et tranquille : ses vertus naissent les unes des autres ; elles agissent toutes de concert et sans bruit. L'ombre étrangère du vice les fait seuls éclater par son opposition. Amyntor me répondit : Je vais vous montrer l'image de l'ambition et les funestes effets qu'elle produit.

Alors il me conduisit dans une des gorges du mont Ossa, où on prétend que se donna le combat des Titans contre les dieux. C'est là qu'un torrent impétueux se précipite sur un lit de rochers, qu'il ébranle par la violence de sa chute. Nous parvînmes en un endroit où ses vagues, fortement comprimées, cherchaient à forcer un passage. Elles se heurtaient, se soulevaient et tombaient en mugissant dans un gouffre, d'où elles s'élançaient avec une nouvelle fureur pour se briser les unes contre les autres, dans les airs.

Nous nous hâtâmes de sortir de ces lieux, et bientôt nous fûmes attirés par les sons mélodieux d'une lyre, et par des voix plus touchantes encore ; c'était la *théorie* ou députation que ceux de Delphes envoient de neuf en neuf ans à Tempé. Ils disent qu'Apollon était venu dans leur ville avec une couronne et une branche de laurier cueillie dans cette vallée; et c'est pour en rappeler le souvenir qu'ils font la députation que nous vîmes arriver. Elle était composée de l'élite des jeunes Delphiens. Ils firent un sacrifice pompeux sur un autel élevé près des bords du Pénée ; et après avoir coupé des branches du même laurier dont le dieu s'était couronné, ils partirent en chantant des hymnes.

En sortant de la vallée, le plus beau des spectacles s'offrit à nous.

C'est une plaine couverte de maisons et d'arbres, où le fleuve, dont le lit est plus large et le cours plus paisible, semble se multiplier par des sinuosités sans nombre. A quelques stades de distance, paraît le golfe Thermaïque : au-delà se présente la presqu'île de Pallène et dans le lointain le mont Athos termine cette superbe vue.

Nous comptions retourner le soir à Gonnus, mais un orage violent nous obligea de passer la nuit dans une maison située sur le rivage de la mer : elle appartenait à un Thessalien qui s'empressa de nous accueillir. Il avait passé quelque temps à la cour du roi Cotys, et pendant le souper il nous raconta des anecdotes relatives à ce prince.

Cotys, nous dit-il, est le plus riche, le plus voluptueux et le plus intempérant des rois de Thrace. Outre d'autres branches de revenus, il tire tous les ans plus de deux cents talents des ports qu'il possède dans la Chersonèse ; cependant ses trésors suffisent à peine à ses goûts.

En été, il erre avec sa cour dans des bois où sont pratiquées de belles routes : dès qu'il trouve, sur les bords d'un ruisseau, un aspect riant et des ombrages frais, il s'y établit, et s'y livre à tous les excès de la table. Il est maintenant entraîné par un délire qui n'exciterait que la pitié si la folie, jointe au pouvoir, ne rendait les passions cruelles. Savez-vous quel est l'objet de son amour ? Minerve. Il ordonna d'abord à une de ses maîtresses de se parer des attributs de cette divinité ; mais comme une pareille illusion ne servit qu'à l'enflammer davantage, il prit le parti d'épouser la déesse. Les noces furent célébrées avec la plus grande magnificence ; j'y fus invité. Il attendait avec impatience son épouse ; en l'attendant, il s'enivra. Sur la fin du repas, un de ses gardes alla par son ordre à la tente où le lit nuptial était dressé ; à son retour, il annonça que Minerve n'était pas encore arrivée. Cotys le perça d'une flèche qui le priva de la vie. Un autre garde éprouva le même sort. Un troisième, instruit pas ses exemples, dit qu'il venait de voir la déesse, qu'elle était couchée, et qu'elle attendait le roi depuis longtemps. A ces mots le soupçonnant d'avoir obtenu les faveurs de son épouse, il se jette en fureur sur lui, et le déchire de ses propres mains.

Tel fut le récit du Thessalien. Quelque temps après, deux frères, Héraclide et Python, conspirèrent contre Cotys, et lui ôtèrent la vie.

Les Athéniens, ayant eu successivement lieu de s'en louer et de s'en plaindre, lui avaient décerné au commencement de son règne une couronne d'or avec le titre de citoyen : après sa mort, ils déférèrent les mêmes honneurs à ses assassins.

L'orage se dissipa pendant la nuit. A notre réveil, la mer était calme et le ciel serein ; nous revînmes à la vallée, et nous vîmes les apprêts d'une fête que les Thessaliens célèbrent tous les ans en mémoire du tremblement de terre qui, en donnant un passage aux eaux du Pénée, découvrit les belles plaines de Larisse.

Nous retournâmes le lendemain à Larisse, et quelques jours après, nous eûmes occasion de voir le combat des taureaux. J'en avais vu de semblables en différentes villes de la Grèce ; mais les habitants de Larisse y montrent plus d'adresse que les autres peuples. La scène était aux environs de cette ville : on fit partir plusieurs taureaux, et autant de cavaliers qui les poursuivaient et les aiguillonnaient avec une espèce de dard. Il faut que chaque cavalier s'attache à un taureau, qu'il coure à ses côtés, qu'il le presse et l'évite tour à tour, et qu'après avoir épuisé les forces de l'animal, il le saisisse par les cornes, et le jette à terre sans descendre lui-même de cheval. Quelquefois il s'élance sur l'animal écumant de fureur, et, malgré les secousses violentes qu'il éprouve, il atterre aux yeux d'un nombre infini de spectateurs, qui célèbrent son triomphe. -

Nous étions déjà en automne : comme cette saison est ordinairement très-belle en Thessalie, et qu'elle y dure longtemps, nous fîmes quelques courses dans les villes voisines : mais le moment de notre départ étant arrivé, nous résolûmes de passer par l'Epire, et nous prîmes le chemin de Gomphi, ville située au pied du mont Pindus.

XXXII

Voyage d'Epire, d'Acarnanie et d'Etolie. — Oracle de Dodone. — Saut de Leucade.

Le mont Pindus sépare la Thessalie de l'Epire. Nous le traversâmes au-dessus de Gomphi, et nous entrâmes dans le pays des Athamanes. De là nous aurions pu nous rendre à l'oracle de Dodone, qui n'en est pas éloigné ; mais, outre qu'il aurait fallu franchir des montagnes déjà couvertes de neige, et que l'hiver est très-rigoureux dans cette ville, nous avions vu tant d'oracles en Béotie, qu'ils nous inspiraient plus de dégoût que de curiosité : nous prîmes donc la parti d'aller droit à Ambracie, par un chemin très-court, mais assez rude.

Cette ville, colonie des Corinthiens, est située auprès d'un golfe qui porte aussi le nom d'Ambracie. Le fleuve Arhélon coule à son couchant ; au levant est une colline où l'on a construit une citadelle. Ses murs ont environ vingt-quatre stades de circuit : au dedans, les regards sont attirés par des temples et d'autres beaux monuments ; au-dehors, par des plaines fertiles qui s'étendent au loin. Nous y passâmes quelques jours, et nous y prîmes des notions générales sur l'Epire.

L'Epire a plusieurs ports assez bons. On tire de cette province, entre autres choses, des chevaux légers à la course, et des mâtins auxquels on confie la garde des troupeaux, et qui ont un trait de ressemblance avec les Epirotes ; c'est qu'un rien suffit pour les mettre en fureur. Certains quadrupèdes y sont d'une grandeur prodigieuse : il faut être debout et légèrement incliné pour traire les vaches, et elles rendent une quantité surprenante de lait.

J'ai ouï parler d'une fontaine qui est dans la contrée des Chaoniens. Pour en tirer le sel dont ses eaux sont imprégnées, on les fait bouillir et évaporer. Le sel qui reste est blanc comme la neige.

Outre quelques colonies grecques établies en divers cantons de l'Épire, on distingue dans ce pays quatorze nations anciennes, barbares pour la plupart, distribuées dans de simples bourgs, quelques-unes, qu'on a vues en diverses époques soumises à différentes formes de gouvernement, d'autres, comme les Molosses, qui, depuis environ neuf siècles, obéissent à des princes de la même maison. C'est une des plus anciennes et des plus illustres de la Grèce : elle tire son origine de Pyrrhus, fils d'Achille, et ses descendants ont possédé, de père en fils, un trône qui n'a jamais éprouvé la moindre secousse. Des philosophes attribuent la durée de ce royaume au peu d'étendue des états qu'il renfermait autrefois. Ils prétendent que moins les souverains ont de puissance, moins ils ont d'ambition et de penchant au despotisme. La stabilité de cet empire est maintenue par un usage constant : quand un prince parvient à la couronne, la nation s'assemble dans une des principales villes ; après les cérémonies que prescrit la religion, le souverain et ses sujets s'engagent, par un serment prononcé en face des autels, l'un de régner selon les lois, les autres de défendre la royauté conformément aux mêmes lois.

Dans l'une des parties septentrionales de l'Épire est la ville de Dodone. C'est là que se trouve le temple de Jupiter et l'oracle le plus ancien de la Grèce. Cet oracle subsistait dès le temps où les habitants de ces cantons n'avaient qu'une idée confuse de la Divinité, et cependant ils portaient déjà leurs regards inquiets sur l'avenir : tant il est vrai que le désir de le connaître est une des plus anciennes maladies de l'esprit humain, comme elle en est une des plus funestes ! J'ajoute qu'il en est une autre qui n'est pas moins ancienne parmi les Grecs : c'est de rapporter à des causes surnaturelles non seulement les effets de la nature, mais encore les usages et les établissements dont on ignore l'origine. Quand on daigne suivre les chaînes de leurs traditions, on s'aperçoit qu'elles aboutissent toutes à des prodiges. Il en fallut un sans doute pour instituer l'oracle de Dodone, et voici comme les prêtresses du temple le racontent.

Un jour deux colombes noires s'envolèrent de la ville de Thèbes en Égypte, et s'arrêtèrent, l'une en Libye, l'autre à Dodone. Cette dernière, s'étant posée sur un chêne, prononça ces mots d'une voix très-distincte : « Établissez en ces lieux un oracle en l'honneur de Jupiter. » L'autre colombe prescrivit la même chose aux habitants de Libye, et toutes deux furent regardées comme les interprètes des dieux. Quelque absurde que soit ce récit, il paraît avoir un fondement réel. Les prêtres Égyptiens soutiennent que deux prêtresses portèrent autrefois leurs rites sacrés à Dodone, de même qu'en Libye ; et, dans la langue des anciens peuples de l'Épire, le même mot désigne une colombe et une vieille femme.

Dodone est située au pied du mont Tomarus, d'où s'échappent quantité de sources intarissables. Elle doit sa gloire et ses richesses aux étrangers qui viennent consulter l'oracle. Le temple de Jupiter et les portiques qui l'entourent sont décorés par des statues sans nombre, et par les offrandes de presque tous les peuples de la terre. La forêt sacrée s'élève tout auprès. Parmi les chênes dont elle est formée, il en est un qui porte le nom de divin ou de prophétique. La piété des peuples l'a consacré depuis une longue suite de siècles.

Non loin du temple est une source qui tous les jours est à sec à midi, et dans sa plus grande hauteur, à minuit ; qui tous les jours croît et décroît insensiblement d'un de ces points à l'autre. On dit qu'elle présente un phénomène plus singulier encore. Quoique ses eaux soient froides, et éteignent les flambeaux allumés qu'on y plonge, elles allument les flambeaux éteints qu'on en approche jusqu'à une certaine distance. La forêt de Dodone est entourée de marais ; mais le territoire en général est très-fertile, et l'on y voit de nombreux troupeaux errer dans de belles prairies.

Trois prêtresses sont chargées du soin d'annoncer les décisions de l'oracle ; mais les Béotiens doivent les recevoir de quelques-uns des ministres attachés au temple. Ce peuple ayant une fois consulté l'oracle sur une entreprise qu'il méditait, la prêtresse répondit : « Commettez une impiété, et vous réussirez. » Les Béotiens qui la soupçonnaient de favoriser leurs ennemis, la jetèrent aussitôt dans le feu, en disant : « Si la prêtresse nous trompe, elle mérite la mort ; si elle dit la vérité, nous obéissons à l'oracle en faisant une action impie. » Les deux autres prêtresses crurent devoir justifier leur malheureuse compagne. L'oracle, suivant elles, avait simplement ordonné aux Béotiens d'enlever les trépieds sacrés qu'ils avaient dans leur temple, et de les apporter dans celui de Jupiter à Dodone. En même temps il fut décidé que désormais elles ne répondraient plus aux questions des Béotiens.

On consulte aussi l'oracle par le moyen des sorts. Ce sont des bulletins ou des dés que l'on tire au hasard de l'urne qui les contient. Un jour que les Lacédémoniens avaient choisi cette voie pour connaître le succès d'une de leurs expéditions, le singe du roi des molosses sauta sur la table, renversa l'urne, éparpilla les sorts, et la prêtresse s'écria : « Que les Lacédémoniens, loin d'aspirer à la victoire, ne devaient plus songer qu'à leur sûreté. » Les députés de retour à Sparte y publièrent cette nouvelle, et jamais événement ne produisit tant de terreur parmi ce peuple de guerriers.

Les Athéniens conservent plusieurs réponses de l'oracle de Dodone. Je vais en rapporter une, pour en faire connaître l'esprit.

« Voici ce que le prêtre de Jupiter prescrit aux Athéniens. Vous avez laissé passer le temps des sacrifices et de la députation ; envoyez au plus tôt des députés : qu'outre les présents déjà décernés par le peuple, ils viennent offrir à Jupiter neuf bœufs propres au labourage, chaque bœuf accompagné de deux brebis ; qu'ils présentent à Dioné une table de bronze, un bœuf et d'autres victimes. »

Cette Dioné était fille d'Uranus, elle partage avec Jupiter l'encens que l'on brûle au temple de Dodone, et cette association de divinité sert à multiplier les sacrifices et les offrandes.

Pendant qu'un grand nombre de bateaux se rangeaient circulairement au pied du promontoire, quantité de gens s'efforçaient d'en gagner le sommet. Les uns s'arrêtaient auprès du temple ; les autres grimpaient sur des pointes de rocher, comme pour être témoins d'un événement extraordinaire. Leurs mouvements n'annonçaient rien de sinistre, et nous étions dans une parfaite sécurité, quand tout à coup nous vîmes sur une roche écartée plusieurs de ces hommes en saisir un d'entre eux et le précipiter dans la mer, au milieu des cris de joie qui s'élevaient tant sur la montagne que dans les bateaux. Cet homme était couvert de plumes ; on lui avait de plus attaché des oiseaux qui en déployant leurs ailes, retardaient sa chute. A peine fut-il dans la mer, que les bateliers, empressés de le secourir, l'en retirèrent et lui prodiguèrent tous les soins qu'on pourrait exiger de l'amitié la plus tendre. J'avais été si frappé dans le premier moment, que je m'écriai : Ah ! barbares ! est-ce ainsi que vous vous jouez de la vie des hommes ? Mais ceux du vaisseau s'étaient fait un amusement de ma surprise et de mon indignation. A la fin, un citoyen d'Ambracie me dit : Ce peuple, qui célèbre tous les ans, à pareil jour, la fête d'Apollon, est dans l'usage d'offrir à ce dieu un sacrifice expiatoire, et de détourner sur la tête de la victime tous les fléaux dont il est menacé. On choisit pour cet effet un homme condamné à subir le dernier supplice. Il périt rarement dans les flots ; et, après l'en avoir sauvé, on le bannit à perpétuité des terres de Leucade.

On montre à Leucade le tombeau d'Artémise, de cette fameuse reine de Carie qui donna tant de preuves de son courage à la bataille de Salamine. Eprise d'une passion violente pour un jeune homme qui ne répondait pas à son amour, elle le surprit dans le sommeil et lui creva les yeux. Bientôt les regrets et le désespoir l'amenèrent à Leucade, où elle périt dans les flots, malgré les efforts que l'on fit pour la sauver.

Telle fut aussi la fin de la malheureuse Sapho. Abandonnée de Phaon, son amant. Elle vint ici chercher un soulagement à ses peines, et n'y trouva que la mort. Ces exemples ont tellement discrédité le saut de Leucade qu'on ne voit plus guère d'amants s'engager par des vœux indiscrets à les suivre.

En continuant notre route, nous vîmes à droite les îles d'Ithaque et de Céphallénie, à gauche les rivages de l'Acarnanie. On trouve dans cette dernière province quelques villes considérables, quantité de petits bourgs fortifiés, plusieurs peuples d'origine différente, mais associés dans une confédération générale, et presque toujours en guerre contre les Étoliens leurs voisins, dont les états sont séparés des leurs par le fleuve Achéloüs. Les Acarnaniens sont fidèles à leur parole, et extrêmement jaloux de leur liberté.

Après avoir passé l'embouchure de l'Achéloüs, nous rasâmes pendant toute une journée les côtes de l'Étolie.

Après quatre jours de navigation, nous arrivâmes à Naupacte, ville située au pied d'une montagne dans le pays des Locres Ozoles. Nous vîmes sur le rivage un temple de Neptune, et tout auprès un autre couvert d'offrandes et consacré à Vénus. Nous y trouvâmes quelques veuves qui venaient demander à la déesse un nouvel époux.

Le lendemain nous prîmes un petit navire qui nous conduisit à Pagæ, port de la Mégaride, et de là nous nous rendîmes à Athènes.

❊

XXXIII

Voyage de Mégare, de Corinthe, de Sicyone et de l'Achaïe.

Nous passâmes l'hiver à Athènes, attendant avec impatience le moment de reprendre la suite de nos voyages. Nous avions vu les provinces septentrionales de la Grèce. Il nous restait à parcourir celles du Péloponèse : nous en prîmes le chemin au retour du printemps.

Après avoir traversé la ville d'Eleusis, dont je parlerai dans la suite, nous entrâmes dans la Mégaride, qui sépare les états d'Athènes de ceux de Corinthe. On y trouve un petit nombre de villes et de bourgs. Mégare, qui en est la capitale, tenait autrefois au port de Nisée par deux longues murailles, que les habitants se crurent obligés de détruire il y a environ un siècle. Elle fut longtemps soumise à des rois. La démocratie y subsista, jusqu'à ce que les orateurs publics, pour plaire à la multitude, l'eurent engagé à se partager les dépouilles des riches citoyens. Le gouvernement oligarchique y fut alors établi, de nos jours le peuple a repris son autorité.

Les Athéniens se souviennent que cette province faisait autrefois partie de leur province, et ils voudraient bien l'y réunir ; car elle pourrait, en certaines occurrences, leur servir de barrière; mais elle a plus d'une fois attiré leurs armes pour avoir préféré à leur alliance celle de Lacédémone. Pendant la guerre du Péloponèse, ils la réduisirent à la dernière extrémité, soit en ravageant ses campagnes, soit en lui interdisant tout commerce avec leurs états.

Pendant la paix, les Mégariens portent à Athènes leurs denrées, et surtout une assez grande quantité de sel, qu'ils ramassent sur les rochers qui sont aux environs du port. Quoiqu'ils ne possèdent qu'un petit territoire aussi ingrat que celui de l'Attique, plusieurs se sont enrichis par une sage économie, d'autres par un goût de parcimonie, qui leur a donné la réputation de n'employer dans les traités, ainsi que dans le commerce, que les ruses de la mauvaise foi et de l'esprit mercantille.

Ils eurent dans le siècle dernier quelques succès brillants, leur puissance est aujourd'hui anéantie; mais leur vanité s'est accrue en raison de leur faiblesse, et ils se souviennent plus de ce qu'ils ont été que de ce qu'ils sont. Le soir même de notre arrivée, soupant avec les principaux citoyens, nous les interrogeâmes sur l'état de leur marine ; ils nous répondirent : Au temps de la guerre des Perses, nous avions vingt galères à la bataille de Salamine. — Pourriez-vous mettre sur pied une bonne armée ? — Nous avions trois mille soldats à la bataille de Platée ? — Votre population est-elle nombreuse ? — Elle était si forte autrefois, que nous fûmes obligés d'envoyer des colonies en Sicile, dans la Propontide, au Bosphore de Thrace et au Pont-Euxin. Ils tâchèrent ensuite de se justifier de quelques perfidies qu'on leur reproche, et nous racontèrent une anecdote qui mérite d'être conservée. Les habitants de la Mégaride avaient pris les armes les uns contre les autres. Il fut convenu que la guerre ne suspendrait point les travaux de la campagne. Le soldat qui en était un laboureur l'amenait dans sa maison, l'admettait à sa table, et le renvoyait avant que d'avoir reçu la rançon dont ils étaient convenus. Le prisonnier s'empressait de l'apporter dès qu'il avait pu la rassembler. On n'employait pas le ministère des lois contre celui qui manquait à sa parole, mais il était partout détesté pour son ingratitude et son infamie. Ce fait ne s'est donc pas passé de nos jours ? leur dis-je. Non, répondirent-ils, il est du commencement de cet empire. Je me doutais bien, repris-je, qu'ils appartenaient aux siècles d'ignorance.

Les jours suivants on nous montra plusieurs statues ; les unes en bois, et c'étaient les plus anciennes ; d'autres en or et en ivoire, et ce n'étaient pas les plus belles ; d'autres enfin en marbre et en bronze, exécutées par Praxidèle et par Scopas. Nous vîmes aussi la maison du Sénat, et d'autres édifices construits d'une pierre très-blanche, très-facile à tailler, et pleine de coquilles pétrifiées.

Pour nous rendre à l'isthme de Corinthe, notre guide nous conduisait par des hauteurs sur une corniche taillée dans le roc, très-étroite, très-rude, élevée au-dessus de la mer, sur la croupe d'une montagne qui porte sa tête dans les cieux ; c'est le fameux défilé où l'on dit que se tenait ce Sciron, qui précipitait les voyageurs dans la mer après les avoir dépouillés, et à qui Thésée fit subir le même genre de mort.

Rien de si effrayant que ce trajet au premier coup d'œil ; nous n'osions arrêter nos regards sur l'abîme ; les mugissements des flots semblaient nous avertir à tous moments que nous étions suspendus entre la mort ou la vie. Bientôt familiarisé avec le danger, nous jouîmes avec plaisir d'un spectacle intéressant. Des vents impétueux franchissaient le sommet des rochers que nous avions à droite, grondaient au-dessus de nos têtes, et, divisés en tourbillons, tombaient à plomb sur différents points de la surface de la mer, la bouleversaient et la blanchissaient d'écume en certains endroits, tandis que dans les espaces intermédiaires elle restait unie et tranquille.

Le sentier que nous suivions se prolonge pendant environ quarante-huit stades, s'inclinant et se relevant tour à tour jusqu'auprès de Cromyon, port et château des Corinthiens, éloigné de cent vingt stades de leur capitale. En continuant de longer la mer par un chemin plus commode et plus beau, nous arrivâmes aux lieux où la largeur de l'isthme n'est plus que de quarante stades. C'est là que les peuples du Péloponèse ont quelquefois pris le parti de se retrancher quand ils craignaient une invasion ; c'est là aussi qu'ils célèbrent les jeux isthmiques, auprès d'un temple de Neptune, et d'un bois de pins consacré à ce Dieu.

Le pays Corinthiens est resserré entre des bornes fort étroites : quoiqu'il s'étende davantage le long de la mer, un vaisseau pourrait dans une journée en parcourir la côte. Son territoire offre quelques riches campagnes, et plus souvent un sol inégal et peu fertile. On y recueille un vin d'assez mauvaise qualité.

La ville est située au pied d'une haute montagne, sur laquelle on a construit une citadelle. Au midi, elle a pour défense la montagne elle-même, qui en cet endroit est extrêmement escarpée. Des remparts très-forts et très-élevés la protègent des trois autres côtés. Son circuit est de quarante stades ; mais, comme les murs s'étendent sur les flancs de la montagne, et embrassent la citadelle, on peut dire que l'enceinte est de quatre vingt-cinq stades.

Un grand nombre d'édifices sacrés et profanes, anciens et modernes, embellissent cette ville. Après avoir visité la place, décorée, suivant l'usage, des temples et des statues, nous vîmes le théâtre, où l'assemblée du peuple délibère sur les affaires de l'État, et où l'on donne des combats de musique et d'autres jeux dont les fêtes sont accompagnées.

On nous montra le tombeau des deux fils de Médée. Les Corinthiens les arrachèrent des autels où cette mère infortunée les avait déposés, et les assommèrent à coup de pierres. En punition de ce crime, une maladie épidémique enleva leurs enfants au berceau, jusqu'à ce que, dociles à la voix de l'oracle, ils s'engagèrent à honorer tous les ans la mémoire des victimes de leur fureur. Je croyais, dis-je alors, sur l'autorité d'Euripide, que cette princesse les avait égorgés elle-même. J'ai ouï dire, répondit un des assistants, que le poëte se laissa gagner par une somme de cinq talents qu'il reçut de nos magistrats : quoiqu'il en soit, à quoi bon le dissimuler ? un ancien usage prouve clairement que nos pères furent coupables ; car c'est pour rappeler et expier leur crime que nos enfants doivent, jusqu'à un certain âge, avoir la tête rasée et porter une robe noire.

Le chemin qui conduit à la citadelle se replie en tant de manières, qu'on fait des trente stades avant d'en atteindre le sommet. Nous arrivâmes auprès d'une source nommée Pirène, où l'on prétend que Bellérophon trouva le cheval Pégase. Les eaux en sont extrêmement froides et limpides : comme elles n'ont pas d'issue apparente, on croit que, par des canaux naturellement creusés dans le roc, elles descendent dans la ville, où elles forment une fontaine dont l'eau est renommée pour sa légèreté, et qui suffirait aux besoins des habitants, quand même ils n'auraient pas cette grande quantité de puits qu'ils se sont ménagés.

Corinthe, devenue l'entrepôt de l'Asie et de l'Europe, continua de percevoir des droits sur les marchandises étrangères, couvrit la mer de ses vaisseaux, et forma une marine pour protéger son commerce. Ses succès excitèrent son industrie ; elle donna une nouvelle forme aux navires, et les premières tirèmes qui parurent, furent l'ouvrage de ses constructeurs. Ses forces navales la faisant respecter, on se hâta de verser dans son sein les productions des autres pays. Nous vîmes étaler sur le rivage des rames de papier et des voiles de vaisseaux apportées de l'Egypte, l'ivoire de la Libye, les cuirs de Cyrène, l'encens de la Syrie, les dattes de la Phénicie, les tapis de Carthage, du blé et des fromages de Syracuse ; des poires et des pommes de l'Eubée, des esclaves de Phrygie et de Thessalie, sans parler d'une foule d'autres objets qui arrivent journellement dans les ports de la Grèce, et en particulier dans ceux de Corinthe. L'appas du gain attire les marchands étrangers, et surtout ceux de Phénicie ; et les jeux solennels de l'isthme y rassemblent un nombre infini de spectateurs.

Corinthe est pleine de magasins et de manufactures ; on y fabrique, entre autres choses, des couvertures de lit recherchées des autres nations. Elle rassemble à grands frais les tableaux et les statues des bons maîtres ; mais elle n'a produit jusqu'ici aucun de ces artistes qui font tant d'honneur à la Grèce, soit qu'elle n'ait pour les chefs-d'œuvre de l'art qu'un goût de luxe ; soit que la nature, se réservant le droit de placer les génies, ne laisse aux souverains que le soin de les chercher et de les produire au grand jour. Cependant on estime certains ouvrages en bronze et en terre cuite qu'on fabrique en cette ville. Elle ne possède point de mines de cuivre. Ses ouvriers, en mêlant celui qu'ils tirent de l'étranger avec une petite quantité d'or et d'argent, en composent un métal brillant, et presque inaccessible à la rouille. Ils en font des cuirasses, des casques, de petites figures, des coupes, des vases moins estimés encore pour la matière que pour le travail, la plupart enrichis de feuillages, et d'autres ornements exécutés au ciselet. C'est avec une égale intelligence qu'ils retracent les mêmes ornements sur les ouvrages de terre. La matière la plus commune reçoit de la forme élégante qu'on lui donne, et des embellissements dont on a soin de la parer, un mérite qui la fait préférer aux marbres et aux métaux les plus précieux.

Il ne me reste plus qu'à donner une légère idée des variations que son gouvernemedt a éprouvées. Je suis obligé de remonter à des siècles éloignés ; mais je ne m'y arrêterai pas longtemps.

Environ cent dix ans après la guerre de Troie, trente ans après le retour des Héraclides, Alétas, qui descendait d'Hercule, obtint le royaume de Corinthe, et sa maison le posséda pendant l'espace de quatre cent dix-sept ans. L'aîné des enfants succédait toujours à son père. La royauté fut ensuite abolie, et le pouvoir souverain remis entre les mains de deux cents citoyens qui ne s'alliaient qu'entre eux, et qui devaient être tous du sang des Héraclides. On en choisissait un tous les ans pour administrer les affaires, sous le nom de *Prytane*. Ils établirent sur les marchandises qui passaient par l'isthme un droit qui les enrichit, et se perdirent par l'excès du luxe. Quatre-vingt-dix ans après leur institution, Cypsélus, ayant mis le peuple dans ses intérêts, se revêtit de leur autorité, et rétablit la royauté, qui subsista dans sa maison pendant soixante-seize ans et six mois.

Il marqua les commencements de son règne par des proscriptions et des cruautés. Il poursuivit ceux des habitants dont le crédit lui faisait ombrage, exila les uns, dépouilla les autres de leurs possessions, en fit mourir plusieurs. Pour affaiblir encore le parti des gens riches, il préleva pendant dix ans le dixième de tous les biens, sous prétexte, disait-il, d'un vœu qu'il avait fait avant de parvenir au trône, et dont il crut s'acquitter en plaçant auprès du temple d'Olympie une très-grande statue dorée. Quand il cessa de craindre, il voulut se faire aimer, et se montra sans gardes et sans appareil. Ce peuple, touché de cette confiance, lui pardonna facilement des injustices dont il n'avait pas été la victime, et le laissa mourir en paix, après un règne de trente ans.

Périandre, son fils, commença comme son père avait fini : il annonça des jours heureux et un calme durable. On admirait sa douceur, ses lumières, sa prudence ; les règlements qu'il fit contre ceux qui possédaient trop d'esclaves, ou dont la dépense excédait le revenu ; contre ceux qui se souillaient par des crimes atroces, ou par des mœurs dépravées : il forma un sénat, n'établit aucun nouvel impôt, se contenta des droits prélevés sur les marchandises ; construisit beaucoup de vaisseaux : et, pour donner plus d'activité au commerce, résolut de percer l'isthme et de confondre les deux mers. Il eut des guerres à soutenir, et ses victoires donnèrent une haute idée de sa valeur. Que ne devait-on pas d'ailleurs attendre d'un prince dont la bouche semblait être l'organe de la sagesse, qui disait quelquefois : L'amour désordonné des richesses est une calomnie contre la nature : les plaisirs ne font que passer, les vertus sont éternelles : la vraie liberté ne consiste que dans une conscience pure.

Dans une occasion critique, il demanda des conseils à Trasybule, qui régnait à Millet, et avec qui il avait des liaisons d'amitié. Trasybule mena le député dans un champ, et se promenant avec lui au milieu d'une moisson abondante, il l'interrogeait sur l'objet de sa mission ; chemin faisant il abattait les épis qui s'élevaient au-dessus des autres. Le député ne comprit pas que Thrasybule venait de mettre sous ses yeux un principe adopté dans plusieurs gouvernements, même républicains, où l'on ne permet pas à de simples particuliers d'avoir trop de mérite ou trop de crédit. Périandre entendit ce langage, et continua d'user de modération.

L'éclat de ses succès et les louanges de ses flatteurs développèrent enfin son caractère, dont il avait toujours réprimé la violence. Dans un accès de colère, excité peut-être par sa jalousie, il donna la mort à Mélisse son épouse, qu'il aimait éperdument. Ce fut là le terme de son bonheur et de ses vertus. Aigri par une longue douleur, il ne le fut pas moins, quand il apprit que, loin de le plaindre, on l'accusait d'avoir autrefois souillé le lit de son père. Comme il crut que l'estime publique se refroidissait, il osa la braver ; et, sans considérer qu'il est des injures dont un roi ne doit se venger que par la clémence, il appesantit son bras sur tous ses sujets, s'entoura de satellites, sévit contre tous ceux que son père avait épargnés ; dépouilla, sous u.i léger prétexte, les femmes de Corinthe de leurs bijoux et de ce qu'elles avaient de plus précieux ; accabla le peuple de travaux, pour le tenir dans la servitude : agité lui-même, sans interruption, de soupçons et de terreurs, punissant le citoyen qui se tenait tranquillement assis dans la place publique, et condamnant comme coupable tout homme qui pouvait le devenir.

Des chagrins domestiques augmentèrent l'horreur de sa situation.

Le plus jeune de ses fils, nommé Lycophron, instruit par son aïeul maternel de la malheureuse destinée de sa mère, en conçut une si forte haine contre le meurtrier, qu'il ne pouvait plus soutenir sa vue, et ne daignait pas même répondre à ses questions. Les caresses et les prières furent vainement prodiguées. Périandre fut obligé de le chasser de sa maison, de défendre à tous les citoyens non-seulement de le recevoir, mais de lui parler, sous peine d'une amende applicable au temple d'Apollon. Le jeune homme se réfugia sous un des portiques publics, sans ressources, sans se plaindre, et résolu de tout souffrir plutôt que d'exposer ses amis à la fureur du tyran. Quelques jours après, son père l'ayant aperçu par hasard, sentit toute sa tendresse se réveiller : il courut à lui, et n'oublia rien pour le fléchir ; mais n'ayant obtenu que ces paroles : Vous avez transgressé votre loi et encouru l'amende, il prit le parti de l'exiler dans l'île de Corcyre, qu'il avait réunie à ses domaines.

Les dieux, irrités, accordèrent à ce prince une longue vie, qui se consumait lentement dans les chagrins et dans les remords. Ce n'était plus le temps de dire, comme il disait auparavant, qu'il vaut mieux faire envie que pitié ; le sentiment de ses maux le forçait de convenir que la démocratie était préférable à la tyrannie. Quelqu'un osa lui représenter qu'il pouvait quitter le trône : Hélas ! répondit-il, il est aussi dangereux pour un tyran d'en descendre que d'en tomber.

Comme le poids des affaires l'accablait de plus en plus, et qu'il ne trouvait aucune ressource dans l'aîné de ses fils, qui était imbécile, il résolut d'appeler Lycophron, et fit diverses tentatives qui furent toutes rejetées avec indignation. Enfin il proposa d'abdiquer, et de se reléguer lui-même à Corcyre, tandis que son fils quitterait cette île et viendrait régner à Corinthe. Ce projet allait s'exécuter, lorsque les Corcyréens, redoutant la présence de Périandre, abrégèrent les jours de Lycophron. Son père n'eut pas même la consolation d'achever la vengeance que méritait un si lâche attentat. Il avait fait embarquer sur un de ses vaisseaux trois cents enfants enlevés aux premières maisons de Corcyre, pour les envoyer au roi de Lydie. Le vaisseau ayant abordé à Samos, les habitants furent touchés du sort de ces victimes infortunées, et trouvèrent moyen de les sauver et de les renvoyer à leurs parents. Périandre, dévoré d'une rage impuissante, mourut âgé d'environ quatre-vingts ans, après en avoir régné quarante-quatre.

Dès qu'il eut les yeux fermés, on fit disparaître les monuments et jusqu'aux moindres traces de la tyrannie. Il eut pour successeur un prince peu connu, qui ne régna que trois ans. Après ce court intervalle de temps, les Corinthiens, ayant joint leurs troupes à celles de Sparte, établirent un gouvernement qui a toujours subsisté, parce qu'il tient plus de l'oligarchie que de la démocratie, et que les affaires importantes n'y sont point soumises à la décision arbitraire de la multitude. Corinthe, plus qu'aucune ville de la Grèce, a produit des citoyens habiles dans l'art de gouverner. Ce sont eux qui, par leur sagesse et leurs lumieres, ont tellement soutenu la constitution, que la jalousie des pauvres contre les riches n'est jamais parvenue à l'ébranler.

Telle fut la principale cause qui fit autrefois sortir des ports de la Grèce ces nombreux essaims de colons qui allèrent au loin s'établir sur des côtes désertes. C'est à Corinthe que durent leur origine Syracuse, qui fait l'ornement de la Sicile ; Corcyre, qui fut pendant quelque temps la souveraine des mers ; Ambracie en Epire, dont j'ai déjà parlé ; et plusieurs autres villes plus ou moins florissantes.

Sicyone n'est qu'à une petite distance de Corinthe. Nous traversâmes plusieurs rivières pour nous y rendre. Ce canton, qui produit en abondance du blé, du vin et de l'huile, est un des plus beaux et des plus riches de la Grèce.

Nous trouvâmes les habitants occupés des préparatifs d'une fête qui revient tous les ans, et qu'ils célébrèrent la nuit suivante. On tira d'une espèce de cellule, où on les tient en réserve, plusieurs statues anciennes qu'on promena dans les rues, et qu'on déposa dans le temple de Bacchus. Celle de ce dieu ouvrait la marche ; les autres la suivaient de près : un grand nombre de flambeaux éclairaient cette cérémonie, et l'on chantait des hymnes sur des airs qui ne sont pas connus ailleurs.

Les Sicyoniens placent la fondation de leur ville à une époque qui ne peut guère se concilier avec les traditions des autres peuples. Aristrate, chez qui nous étions logés, nous montrait une longue liste de princes qui occupèrent le trône pendant mille ans, et dont le dernier vivait à peu près au temps de la guerre de Troie. Nous le priâmes de ne pas nous élever à cette hauteur de temps, et de ne s'éloigner que de trois ou quatre siècles. Ce fut alors, répondit-il, que parut une

suite de souverains connus sous le nom de tyran, parce qu'ils jouis-
saient d'une autorité absolue : ils n'eurent d'autre secret, pour la conserver pendant un siècle entier, que de la contenir dans de justes bornes en respectant les lois. Orthagoras fut le premier, et Clisthène le
dernier. Les dieux, qui appliquent quelquefois des remèdes violents
à des maux extrêmes, firent naître ces deux princes, pour nous ôter
une liberté plus funeste que l'esclavage. Orthagoras, par sa modération
et sa prudence, réprima la fureur des factions : Clisthène se fit adorer
par ses vertus et redouter par son courage.

La cour de Sicyone n'était plus occupée que de fêtes et de plaisirs;
la lice était sans cesse ouverte aux concurrents ; on s'y disputait le prix
de la course et des autres exercices. Clisthène, qui avoit déjà pris des
informations sur leurs familles, assistait à leurs combats; il étudiait
avec soin leur caractère, tantôt dans des conversations générales,
tantôt dans des entretiens particuliers. Un secret penchant l'avait d'a-
bord entraîné vers l'un ou l'autre des deux Athéniens ; mais les agréments d'Hippoclite avait fini par le séduire.

Le jour qui devait manifester son choix commença par un sacrifice
de cent bœufs, suivi d'un repas où tous les Sicyoniens furent invités
avec les concurrents. On sortit de table; on continua de boire ; on dis-
puta sur la musique et sur d'autres objets. Hippoclide, qui conservait
partout sa supériorité, prolongeait la conversation : tout à coup il ordonne au joueur de flûte de jouer un certain air, et se met à danser
ne danse lascive avec une satisfaction dont Clisthène paraissait indigné ; un moment après il fait apporter une table, saute dessus, exé-
cute d'abord les danses de Lacédémone, ensuite celle d'Athènes. Clisthène, blessé de tant d'indécence et de légèreté, faisait des efforts pour
se contenir; mais quand il le vit la tête en bas, et s'appuyant sur ses
mains, figurer divers gestes avec ses pieds : « Fils de Tisandre, lui
cria-t-il, vous venez de danser la rupture de vôtre mariage — Ma foi,
seigneur, répondit l'Athénien, Hippoclide ne s'en soucie guère » A ce
mot, qui a passé en proverbe, Clisthène, ayant imposé silence, ré-
mercia tous les concurrents, les pria de vouloir bien accepter chacun
un talent d'argent, et déclara qu'il donnait sa fille à Mégaclès, fils
d'Alcméon. C'est de ce mariage que descendait, par sa mère, le célèbre Périclès.

Nous visitâmes la ville, le port et la citadelle. Sicyone figure à dans
l'histoire des nations par les soins qu'elle a pris de cultiver les arts,

Je voudrais pouvoir fixer d'une manière précise jusqu'à quel point elle a contribué à la naissance de la peinture, au développement de la sculpture, mais, je l'ai déjà insinué, les arts marchent pendant des siècles entiers dans des routes obscures; une grande découverte n'est que la combinaison d'une foule de petites découvertes qui l'ont précédée; et, comme il est impossible d'en suivre les traces, il suffit d'observer celles qui sont plus sensibles, et de se borner à quelques résultats.

Le dessin dut son origine au hasard, la sculpture à la religion, la peinture aux progrès des autres arts.

Dès les plus anciens temps. quelqu'un s'avisa de suivre et de circonscrire sur le terrain, ou sur un mur, le contour de l'ombre que projetait un corps éclairé par le soleil ou par toute autre lumière; on apprit en conséquence à indiquer la forme des objets par de simples linéaments.

Les Egyptiens se glorifient d'avoir découvert la sculpture, il y a plus de dix mille ans; la peinture en même temps, ou au moins six mille ans avant qu'elle fût connue des Grecs. Ceux-ci, très éloignés de s'attribuer l'origine du premier de ces arts, croient avoir des titres légitimes sur celle du second. Pour concilier ces diverses prétentions, il faut distinguer deux sortes de peinture : celle qui se contentait de rehausser un dessein par des couleurs employées entières et sans ruption, et celle qui, après de longs efforts, est parvenue à rendre fidèlement la nature.

Les Egyptiens ont découvert la première. On voit en effet dans la Thébaïde des couleurs très-vives et très-anciennement appliquées sur le pourtour des grottes, qui servaient peut-être de tombeaux, sur les plafonds des temples, sur des hiéroglyphes, et sur des figures d'hommes et d'animaux. Ces couleurs, quelquefois enrichies de feuilles d'or attachées par un mordant, prouvent clairement qu'en Egypte l'art de peindre ne fut, pour ainsi dire, que l'art d'enluminer.

Il paraît qu'à l'époque de la guerre de Troie les Grecs n'étaient guère plus avancés, mais, vers la première olympiade, les artistes de Sicyone et de Corinthe, qui avaient déjà montré dans leurs dessins plus d'intelligence, se signalèrent par des essais dont on a conservé le souvenir, et qui étonnèrent par leur nouveauté. Pendant que Dédale de

Sicyone détachait les pieds et les mains des statues, Cléophante de Corinthe coloriait les traits du visage. Il se servit de brique cuite et broyée; preuve que les Grecs ne connaissaient alors aucune des couleurs dont on se sert aujourd'hui pour exprimer la carnation.

Vers le temps de la bataille de Marathon, la peinture et la sculpture sortirent de leur longue enfance, et des progrès rapides les ont amenées au point de grandeur et de beauté où nous les voyons aujourd'hui. Presque de nos jours, Sicyone a produit Eupompe, chef d'une troisième école de peinture; avant lui, on ne connaissait que celles d'Athènes et d'Ionie. De la sienne sont déjà sortis des artistes célèbres, Pausias, entre autres, et Pamphile, qui la dirigeait pendant notre séjour en cette ville. Ses talents et sa réputation lui attiraient un grand nombre d'élèves, qui lui payaient un talent avant que d'être reçus; il s'engageait de son côté à leur donner pendant dix ans des leçons fondées sur une excellente théorie, et justifiées par les succès de ses ouvrages. Il les exhortait à cultiver les lettres et les sciences, dans lesquelles il était lui-même très-versé.

Ce fut d'après son conseil que les magistrats de Sicyone ordonnèrent que l'étude du dessin entrerait désormais dans l'éducation des citoyens, et que les beaux arts ne seraient plus livrés à des mains serviles; les autres villes de la Grèce, frappées de cet exemple, commencèrent à s'y conformer

Nous connûmes deux de ses élèves qui se sont fait depuis un grand nom, Mélanthe et Apelles. Il concevait de grandes espérances du premier, de plus grandes encore du second, qui se félicitait d'avoir un tel maître : Pamphile se félicita bientôt d'avoir formé un tel disciple.

Nous fîmes quelques courses aux environs de Sicyone. Au bourg de Titane, situé sur une montagne, nous vîmes, dans un bois de cyprès, un temple d'Esculape, dont la statue, couverte d'une tunique de laine blanche et d'un manteau, ne laisse apercevoir que le visage, les mains et le bout des pieds.

Tout auprès est celle d'Hygie, déesse de la santé, également enveloppée d'une robe, et de tresses de cheveux dont les femmes se dépouillent pour les consacrer à cette divinité.

Anacharsis.

Après avoir passé quelques jours à Sicyone, nous entrâmes dans l'Achaïe, qui s'étend jusqu'au promontoire Araxe, situé en face de l'île de Céphallénie. C'est une lisière de terre resserrée au midi par l'Arcadie et l'Elide, au nord par la mer de Crissa. Ses rivages sont presque partout hérissés de rochers qui les rendent inabordables : dans l'intérieur du pays, le sol est maigre, et ne produit qu'avec peine ; cependant on y trouve de bons vignobles en quelques endroits.

L'Achaïe fut occupée autrefois par ces ioniens qui sont aujourd'hui sur la côte de l'Asie. Ils en furent chassés par les Achéens, lorsque ces derniers se trouvèrent obligés de céder aux descendants d'Hercule les royaumes d'Argos et de Lacédémone.

Etablis dans leurs nouvelles demeures, les Achéens ne se mêlèrent point des affaires de la Grèce, pas même lorsque Xerxès la menaçait d'un long esclavage. La guerre du Péloponèse le tira d'un repos qui faisait leur bonheur ; ils s'unirent tantôt avec les Lacédémoniens, tantôt avec les Athéniens, pour lesquels ils eurent toujours plus de penchant. Ce fut alors qu'Alcibiade, voulant persuader à ceux de Patræ de prolonger les murs de la ville jusqu'au port, afin que les flottes d'Athènes pussent les secourir, un des assistants s'écria au milieu de l'assemblée : « Si vous suivez ce conseil, les Athéniens finiront par vous avaler. Cela peut-être, répondit Alcibiade, mais avec cette différence que les Athéniens commenceront par les pieds, et les Lacédémoniens par la tête. » Les Achéens ont depuis contracté d'autres alliances : quelques années après notre voyage, ils envoyèrent deux mille hommes aux Phocéens, et leurs troupes se distinguèrent à la bataille de Chéronée.

Pellène, ville aussi petite que toutes celles de l'Achaïe, est bâtie sur les flancs d'une colline dont la forme est si régulière, que les deux quartiers de la ville, placés sur les côtés opposés de la colline, n'ont presque point de communications entre eux. Son port est à la distance de soixante stades. La crainte des pirates obligeait autrefois les habitants d'un canton de se réunir sur les hauteurs plus ou moins éloignées de la mer : toutes les anciennes villes de la Grèce sont aussi disposées.

Nous nous rendîmes à Egire, distante de la mer d'environ douze stades. Pendant que nous en parcourions les monuments, on nous dit qu'autrefois les habitants, ne pouvant opposer des forces suffisantes à ceux de Sicyone, qui étaient venus les attaquer, s'avisèrent de rassembler un grand nombre de chèvres, de lier des torches allumées à leurs cornes, et de les faire avancer pendant la nuit : l'ennemi crut que c'étaient des troupes alliées d'Egire, et prit le parti de se retirer.

En allant à Patræ, nous traversâmes quantité de villes et de bourgs ; car l'Achaïe est fort peuplée. A Pharæ, nous vîmes dans la place publique trente pierres carrées, qu'on honore comme autant de divinités dont j'ai oublié les noms. Près de ces pierres est un Mercure terminé en gaîne, et affublé d'une longue barbe, en face d'une statue de Vesta, entourée d'un cordon de lampes de bronze. On nous avertit que le ercure rendait des oracles, et qu'il suffisait de lui dire quelques mots à l'oreille pour avoir sa réponse. Dans ce moment un paysan vint le consulter : il lui fallut offrir de l'encens à la déesse, verser de l'huile dans les lampes et les allumer, déposer sur l'autel une petite pièce de monnaie, s'approcher du Mercure, l'interroger tout bas, sortir de la place en se bouchant les oreilles, et recueillir ensuite les premières paroles qu'il entendrait, et qui devaient éclaircir ses doutes. Le peuple le suivit, et nous rentrâmes chez nous.

Avant que d'arriver à Patræ, nous mîmes pied à terre dans un bois charmant, où plusieurs jeunes gens s'exerçaient à la course. Dans une des allées nous rencontrâmes un enfant de douze à treize ans, vêtu d'une jolie robe, et couronné d'épis de blé. Nous l'interrogeâmes ; il nous répondit : C'est aujourd'hui la fête de Bacchus Esymnètes, et c'est son nom ; tous les enfants de la ville se rendent sur les bords du Milichus. Là nous nous mettrons en procession pour aller à ce temple de Diane que vous voyez là-bas ; nous déposerons cette couronne aux pieds de la déesse ; et après nous être lavés dans le ruisseau, nous en prendrons une de lierre ; et nous irons au temple de Bacchus, qui est par-delà. Je lui dis : Pourquoi cette couronne d'épis ? — C'est ainsi qu'on parait nos têtes quand on nous immolait sur l'autel de Diane. — Comment ! on vous immolait ? — Vous ne savez donc pas l'histoire du beau Mélanippe et de la belle Cométho, prêtresse de la déesse ? Je vais vous la raconter.

Ils s'aimaient tant qu'ils se cherchaient toujours, et quand ils n'é-

S.

taient plus ensemble, ils se voyaient encore. Ils demandèrent enfin à leurs parents la permission de se marier, et ces méchants la leur refusèrent. Peu de temps après il arriva de grandes disettes, de grandes maladies dans le pays. On consulta l'oracle; il répondit que Diane était fâchée de ce que Mélanippe et Gométho s'étaient mariés dans son temple même la nuit de sa fête, et que, pour l'apaiser, il fallait lui sacrifier tous les ans un jeune garçon et une jeune fille de la plus grande beauté. Dans la suite, l'oracle nous promit que cette barbare coutume cesserait lorsqu'un inconnu apporterait ici une certaine statue de Bacchus : il vint; on plaça la statue dans ce temple, et le sacrifice fut remplacé par la procession et les cérémonies dont je vous ai parlé. Adieu, étrangers.

Ce récit, qui nous fut confirmé par des personnes éclairées, nous étonna d'autant moins, que pendant longtemps on ne connut pas de meilleure voie pour détourner la colère céleste que de répandre sur les autels le sang des hommes, et surtout celui d'une jeune fille. Les conséquences qui réglaient ce choix étaient justes; mais elles découlaient de ce principe abominable que les dieux sont plus touchés du prix des offrandes que de l'intention de ceux qui les présentent. Cette fatale erreur une fois admise, on dut successivement leur offrir les plus superbes victimes; et comme le sang des hommes est plus précieux que celui des animaux, on fit couler celui d'une fille qui réunissait la jeunesse, la beauté, la naissance, enfin tous les avantages que les hommes estiment le plus.

Après avoir examiné les monuments de Patræ et d'une autre ville nommée Dymé, nous passâmes le Larissus, et nous entrâmes dans l'Élide.

XXXIV

Voyage de l'Elide. — Les jeux olympiques.

L'Élide est un petit pays dont les côtes sont baignées par la mer Ionienne, et qui se divise en trois vallées. Dans la plus septentrionale est la ville d'Elis, située sur le Pénée, fleuve de même nom, mais moins considérable que celui de Thessalie : la vallée du milieu est célèbre par le temple de Jupiter, placé auprès du fleuve Alphée ; la dernière s'appelle Triphylie.

Les habitants de cette contrée jouirent pendant longtemps d'une tranquillité profonde. Toutes les nations de la Grèce étaient convenues de les regarder comme consacrées à Jupiter, et les respectaient au point que les troupes étrangères déposaient leurs armes en entrant dans ce pays, et ne les reprenaient qu'à leur sortie. Ils jouissent rarement aujourd'hui de cette prérogative ; cependant, malgré les guerres passagères auxquelles ils se sont trouvés exposés dans ces derniers temps, malgré les divisions qui fermentent encore dans certaines illes, l'Elide est, de tous les cantons du Péloponèse, le plus abondant et le mieux peuplé. Ses campagnes, presque toutes fertiles, sont couvertes d'esclaves laborieux ; l'agriculture y fleurit, parce que le gouvernement a pour les laboureurs les égards que méritent ces citoyens utiles : ils ont chez eux des tribunaux qui jugent leurs causes en dernier ressort, et ne sont pas obligés d'interrompre leurs travaux pour venir dans les villes mendier un jugement inique ou trop longtemps différé. Plusieurs familles riches coulent paisiblement leurs jours à la campagne ; et j'en ai vu aux environs d'Elis, où personne, depuis deux ou trois générations, n'avait mis le pied dans la capitale.

La ville d'Élis est assez récente ? elle s'est formée, à l'exemple de plusieurs ville de la Grèce, et surtout du Péloponèse, par la réunion de plusieurs hameaux ; car, dans les siècles d'ignorance, on habitait des bourgs ouverts et accessibles ; dans des temps plus éclairés on s'enferma dans des villes fortifiées.

En arrivant, nous rencontrâmes une procession qui se rendait au temple de Minerve. Elle faisait partie d'une cérémonie où les jeunes gens de l'Élide s'étaient disputé le prix de la beauté. Les vainqueurs étaient menés en triomphe ; le premier, la tête ceinte de bandelettes, portait les armes que l'on consacrait à la déesse ; le second conduisait la victime ; un troisième était chargé des autres offrandes.

La ville est décorée par des temples, par des édifices somptueux, par quantité de statues ; dont quelques-unes sont de la main de Phidias. Parmi ces derniers monuments nous en vîmes où l'artiste n'avait pas montré moins d'esprit que d'habileté ; tel est le groupe des Grâces dans le temple qui leur est consacré. Elles sont couvertes d'une draperie légère et brillante : la première tient un rameau de myrte en l'honneur de Vénus : la seconde une rose, pour désigner le printemps ; la troisième un osselet, symbole des jeux de l'enfance ; et pour qu'il ne manque rien aux charmes de cette composition, la figure de l'Amour est sur le même piédestal que les Grâces.

Rien ne donne plus d'éclat à cette province que les jeux olympiques célébrés de quatre en quatre ans, en l'honneur de Jupiter. Chaque ville de la Grèce a des fêtes qui en réunissent les habitants ; quatre grandes solennités réunissent tous les peuples de la Grèce ; ce sont les jeux pythiques ou de Delphes, les jeux isthmiques ou de Corinthe, ceux de Némée et ceux d'Olympe. J'ai parlé des premiers dans mon voyage de la Phocide, je vais m'occuper des derniers : je passerai les autres sous silence, parce qu'ils offrent tous à peu près les mêmes spectacles.

Les jeux olympiques, institués par Hercule, furent, après une longue interruption, rétablis par les conseils du célèbre Lycurgue et par les soins d'Iphitus, souverain d'un canton de l'Élide. Cent huit ans après on inscrivit pour la première fois sur le registre public des Éléens le nom de celui qui avait remporté le prix à la course du stade ; il s'appelait Corébus. Cet usage continua, et de là cette suite de vainqueurs dont les noms, indiquant les différentes olympiades, forment autant de points fixes pour la chronologie. On allait célébrer les jeux pour la cent sixième fois lorsque nous arrivâmes à Elis.

Les Éléens ont l'administration des jeux olympiques depuis quatre siècles ; ils ont donné à ce spectacle toute la perfection dont il était susceptible, tantôt en introduisant de nouvelles espèces de combats, tantôt en supprimant ceux qui ne remplissaient point l'attente de l'assemblée. C'est à eux qu'il appartient d'écarter les manœuvres et les intrigues, d'établir l'équité dans les jugements, et d'interdire le concours aux nations étrangères à la Grèce, et même aux villes grecques accusées d'avoir violé les règlements faits pour maintenir l'ordre pendant les fêtes. Ils ont une si haute idée de ces règlements, qu'ils envoyèrent autrefois des députés chez les Egyptiens pour savoir des sages de cette nation si en les rédigeant on n'avait rien oublié. Un article essentiel, répondirent ces derniers : Dès que les juges sont des Eléens, les Eléens devraient être exclus du concours. Malgré cette réponse ils y sont encore admis aujourd'hui, et plusieurs d'entre eux ont remporté des prix, sans que l'intégrité des juges ait été soupçonnée. Il est vrai que, pour la mettre plus à couvert, on a permis aux athlètes d'appeler au sénat d'Olympie du décret qui les prive de la couronne.

A chaque olympiade on tire au sort les juges ou présidents des jeux ; ils sont au nombre de huit, parce qu'on en prend un de chaque tribu. Ils s'assemblent à Elis avant la célébration des jeux, et pendant l'espace de dix mois ils s'instruisent en détail des fonctions qu'ils doivent remplir ; ils s'en instruisent sous des magistrats qui sont les dépositaires et les interprètes des règlements dont je viens de parler : afin de joindre l'expérience aux préceptes, ils exercent pendant le même intervalle de temps les athlètes qui sont venus se faire inscrire pour disputer le prix de la course et de la plupart des combats à pied. Plusieurs de ces athlètes étaient accompagnés de leurs parents, de leurs amis, et surtout des maitres qui les avaient élevés; le désir de la gloire brillait dans leurs yeux, et les habitants d'Elis paraissaient livrés à la joie la plus vive. J'aurais été surpris de l'importance qu'ils mettaient à la célébration de leurs jeux, si je n'avais connu l'ardeur que les Grecs ont pour les spectacles, et l'utilité réelle que les Eléens retirent de cette solennité.

Après avoir vu tout ce qui pouvait nous intéresser soit dans la ville d'Elis, soit dans celle de Cyllène, qui lui sert de port, et qui n'en est éloignée que de cent vingt stades, nous partîmes pour Olympie. Deux chemins y conduisent : l'un par la plaine, long de trois cents stades, l'autre par les montagnes et par le bourg d'Alésiéum, où se tient tous les mois une foire considérable. Nous choisîmes le premier : nous traversâmes des pays fertiles, bien cultivés, arrosés par diverses rivières ; et, après avoir vu en passant les villes de Dyspontium et de Létrines, nous arrivâmes à Olympie.

L'Altis renferme dans son enceinte les objets les plus intéressants : c'est un bois sacré fort étendu, entouré de murs, et dans lequel se trouvent le temple de Jupiter et celui de Junon, le sénat, le théâtre, et quantité de beaux édifices, au milieu d'une foule innombrable de statues.

Le temple de Jupiter fut construit, dans le siècle dernier, des dépouilles enlevées par les Eléens à quelques peuples qui s'étaient révoltés contre eux ; il est d'ordre dorique, entouré de colonnes, et construit d'une pierre tirée des carrières voisines, mais aussi éclatante et aussi dure, quoique plus légère, que le marbre de Paros. Il a de hauteur soixante-huit pieds, de longueur deux cent trente, de largeur quatre-vingt-quinze.

La figure de Jupiter est en or et en ivoire : et, quoique assise, elle s'élève presque jusqu'au plafond du temple. De la main droite elle tient une victoire également d'or et d'ivoire ; de la gauche un sceptre travaillé avec goût, enrichi de diverses espèces de métaux, et surmonté d'un aigle. La chaussure est en or, ainsi que le manteau, sur lequel on a gravé des animaux, des fleurs et surtout des lys.

Le trône porte sur quatre pieds, ainsi que sur des colonnes intermédiaires de même hauteur que les pieds. Les matières les plus riches, les arts les plus nobles, concourent à l'embellir. Il est tout brillant d'or, d'ivoire, d'ébène et de pierres précieuses, partout décoré de peintures et de bas-reliefs.

Les Eléens connaissent le prix du monument qu'ils possèdent ; ils montrent encore aux étrangers l'atelier de Phidias. Ils ont répandu leurs bienfaits sur les descendants de ce grand artiste, et les ont chargés d'entretenir la statue dans tout son éclat. Comme le temple et l'enceinte sacrée sont dans un endroit marécageux, un des moyens qu'on emploie pour défendre l'ivoire contre l'humidité, c'est de verser fréquemment de l'huile au pied du trône sur une partie du pavé destiné à la recevoir.

Du temple de Jupiter nous passâmes à celui de Junon ; il est également d'ordre dorique, entouré de colonnes, mais beaucoup plus ancien que le premier. La plupart des statues qu'on y voit, soit en or, soit en ivoire, décèlent un art encore grossier, quoiqu'elles n'aient pas trois cents ans d'antiquité. On nous montra le coffre de Cypsélus, où ce prince, qui depuis se rendit maître de Corinthe, fut dans sa plus tendre enfance renfermé par sa mère, empressée de le dérober aux poursuites des ennemis de sa maison. Il est de bois de cèdre ; le dessus et les quatre faces sont ornés de bas-reliefs, les uns exécutés dans le cèdre même, les autres en ivoire et en or : ils représentent des batailles, des jeux et d'autres sujets relatifs aux siècles héroïques, et sont accompagnés d'inscriptions en caractères anciens. Nous parcourûmes avec plaisir les détails de cet ouvrage, parce qu'ils montrent l'état informe où se trouvaient les arts en Grèce il y a trois siècles.

En sortant de là nous parcourûmes les routes de l'enceinte sacrée. A travers les platanes et les oliviers qui ombragent les lieux, s'offraient à nous de tous côtés des colonnes, des trophées, des chars de triomphe, des statues sans nombre, en bronze, en marbre, les unes pour les dieux, les autres pour les vainqueurs : car ce temple de la gloire n'est ouvert que pour ceux qui ont des droits à l'immortalité.

Ces monuments, multipliés depuis quatre siècles, rendent présents à la postérité ceux qui les ont obtenus. Ils sont exposés tous les ans aux regards des spectateurs de tous les pays qui viennent dans ce séjour s'occuper de la gloire des vainqueurs, entendre le récit de leurs combats, et se montrer avec transport les uns aux autres ceux dont leur patrie s'enorgueillit. Quel bonheur pour l'humanité si un pareil sanctuaire n'était ouvert qu'aux hommes vertueux ! Non, je me trompe, il serait bientôt violé par l'intrigue et l'hypocrisie, auxquels les hommages du peuple sont bien plus nécessaires qu'à la vertu.

Pendant que nous admirions ces ouvrages de sculpture, et que nous y suivions le développement et les derniers efforts de cet art, nos interprètes nous faisaient de longs récits, et nous racontaient des anecdotes relatives à ceux dont ils nous montraient les portraits. Après avoir arrêté nos regards sur deux chars de bronze, dans l'un desquels était Gélon, roi de Syracuse, et dans l'autre, Héron son frère et son successeur : Près de Gélon, ajoutaient-ils, vous voyez la statue de Cléomède. Cet athlète ayant eu le malheur de tuer son adversaire au combat de la lutte, les juges, pour le punir, le privèrent de la couronne : il en fut affligé au point de perdre la raison. Quelque temps après, il entra dans une maison destinée à l'éducation de la jeunesse, saisit une colonne qui soutenait le toit, et la renversa. Près de soixante enfants périrent sous les ruines de l'édifice.

Voici la statue d'un autre athlète nommé Timanthe. Dans sa vieillesse, il s'exerçait tous les jours à tirer de l'arc : un voyage qu'il fit l'obligea de suspendre cet exercice : il voulut le reprendre à son retour; mais voyant que sa force était diminuée, il dressa lui-même son bûcher et se jeta dans les flammes.

Ce lutteur s'appelait Glaucus; il était jeune, et labourait la terre. Son père s'aperçut avec surprise que, pour enfoncer le soc qui s'était détaché de la charrue, il se servait de sa main comme d'un marteau. Il le conduisit dans ces lieux, et le proposa pour le combat du ceste. Glaucus, pressé par un adversaire qui employait tour à tour l'adresse et la force, était sur le point de succomber, lorsque son père lui cria : frappe, mon fils, comme sur la charrue. Aussitôt le jeune homme redoubla ses coups, et fut proclamé vainqueur.

Voici Théagène qui, dans différents jeux de la Grèce, remporta, dit-on, douze cents fois le prix, soit à la course, soit à la lutte, soit à d'autres exercices! Après sa mort, la statue qu'on lui avait élevée dans la ville de Thasos, sa patrie, excitait encore la jalousie d'un rival de Théagène : il venait toutes les nuits assouvir ses fureurs contre ce bronze, et l'ébranla tellement à force de coups, qu'il le fit tomber et en fut écrasé : la statue fut traduite en jugement et jetée dans la mer. La famine ayant ensuite affligé la ville de Thasos, l'oracle, consulté par les habitants, répondit qu'ils avaient négligé la mémoire de Théagène. On lui décerna les honneurs divins, après avoir retiré des eaux et replacé le monument qui le représentait.

Cet autre athlète porta sa statue sur ses épaules, et la posa lui-même dans ces lieux. C'est le célèbre Milon : c'est lui qui, dans la guerre des habitants de Crotone, sa patrie, contre ceux de Sybaris, fut mis à la tête des troupes et remporta une victoire signalée : il parut dans la bataille avec une massue et les autres attributs d'Hercule, dont il rappelait le souvenir. Il triompha souvent dans nos jeux et dans ceux de Delphes ; il y faisait souvent des essais de sa force prodigieuse. Quelquefois il se plaçait sur un palet qu'on avait huilé pour le rendre plus glissant, et les plus fortes secousses ne pouvaient l'ébranler : d'autres fois il empoignait une grenade, et, sans l'écraser, la tenait si serrée, que les plus vigoureux athlètes ne pouvaient écarter ses doigts pour la lui arracher; mais sa maîtresse l'obligeait à lâcher prise. On raconte encore de lui qu'il parcourut le stade portant un bœuf sur ses épaules; que, se trouvant un jour dans une maison avec les disciples de Pythagore, il leur sauva la vie en soutenant la colonne sur laquelle portait le plafond qui était près de tomber ; enfin que dans sa vieillesse il devint la proie des bêtes féroces, parce que ses mains se trouvèrent prises dans un tronc d'arbre que des coins avaient fendu en partie et qu'il voulait achever de diviser.

Au nord du temple de Junon, au pied du mont de Saturne, est une chaussée qui s'étend jusqu'à la carrière, et sur laquelle plusieurs nations grecques et étrangères ont construit des édifices connus sous le nom de Trésors. On en voit de semblables à Delphes, mais ces derniers sont remplis d'offrandes précieuses, tandis que ceux d'Olympie ne contiennent presque que des statues et des monuments de mauvais goût ou de peu de valeur. Nous demandâmes la raison de cette différence. L'un des interprètes nous dit : Nous avons un oracle, mais il n'est pas assez accrédité, et peut-être cessera-t-il bientôt. Deux ou trois prédictions justifiées par l'événement ont attiré à celui de Delphes la confiance de quelques souverains, et leurs libéralités celles de toutes les nations.

Le premier jour des fêtes tombe au onzième jour du mois hécatombéon, qui commence à la nouvelle lune après le solstice d'été ; elles durèrent cinq jours : à la fin du dernier, qui est celui de pleine lune, se fait la proclamation solennelle des vainqueurs. Elles s'ouvrirent le soir par plusieurs sacrifices que l'on offrit sur des autels élevés en l'honneur de différentes divinités, soit dans le temple de Jupiter, soit dans les environs. Tous étaient ornés de festons et de guirlandes ; tous furent successivement arrosés du sang des victimes. On avait commencé par le grand autel de Jupiter, placé entre le temple de

Junon et l'enceinte de Pélops. C'est le principal objet de la dévotion des peuples, c'est là que les Éléens offrent tous les jours des sacrifices, et les étrangers dans tous les temps de l'année. Il porte sur un grand soubassement carré, au-dessus duquel on monte par des marches de pierre. Là se trouve une espèce de terrasse où l'on sacrifie des victimes; au milieu s'élève l'autel, dont la hauteur est de vingt-deux pieds: on parvient à sa partie supérieure par des marches qui sont construites de la cendre des victimes, qu'on a pétrie avec l'eau de l'Alphée.

La carrière olympique se divise en deux parties, qui sont le Stade et l'Hippodrome. Le Stade est une chaussée de six cents pieds de long, et d'une largeur proportionnée: c'est là que se font les courses à pied, et que se donnent la plupart des combats. L'Hippodrome est destiné aux courses des chars et des chevaux. Un de ses côtés s'étend sur une colline; l'autre côté, un peu plus long, est formé par une chaussée: sa largeur est de six cents pieds, sa longueur du double; il est séparé du Stade par un édifice qu'on appelle Barrière. C'est un portique devant lequel est une cour spacieuse, faite en forme de proue de navire, dont les murs vont en se rapprochant l'un de l'autre, et laissent à leur extrémité une ouverture assez grande pour que plusieurs chars y passent à la fois. Dans l'intérieur de cette cour on a construit, sur différentes lignes parallèles, des remises pour les chars et pour les chevaux; on les tire au sort, parce que les unes sont plus avantageusement situées que les autres. Le Stade et l'Hippodrome sont ornés de statues, d'autels, et d'autres monuments sur lesquels on avait affiché la liste et l'ordre des combats qui devaient se donner pendant les fêtes.

L'ordre des combats a varié plus d'une fois, la règle générale qu'on suit à présent est de consacrer les matinées aux exercices qu'on appelle légers, tels que les différentes courses; et les après-midi à ceux qu'on nomme graves ou violents, tels que la lutte, le pugilat, etc.

A la petite pointe du jour nous nous rendîmes au Stade. Il était déjà rempli d'athlètes qui préludaient aux combats, et entouré de quantité de spectateurs: d'autres, en plus grand nombre, se plaçaient confusément sur la colline qui se présente en amphithéâtre au-dessus de la carrière. Des chars volaient dans la plaine; le bruit des trompettes, le hennissement des chevaux, se mêlaient au bruit de la multitude; et lorsque nos yeux pouvaient se distraire de ce spectacle, et

qu'aux mouvements tumultueux de la joie publique nous comparions
le repos et le silence de la nature, alors quelle impression ne faisait
pas sur nos âmes la sérénité du ciel, la fraîcheur délicieuse de l'air,
l'Alphée qui forme en cet endroit un canal, et ces campagnes fertiles
que s'embellissaient des premiers rayons du soleil.

Un moment après, nous vîmes les athlètes interrompre leurs exercices, et prendre le chemin de l'enceinte sacrée. Nous les y suivîmes,
et nous trouvâmes dans la chambre du sénat les huit présidents des
jeux, avec des habits magnifiques et toutes les marques de leur dignité.
Ce fut là qu'aux pieds d'une statue de Jupiter et sur les membres
sanglants des victimes, les athlètes prirent les dieux à témoin qu'ils
s'étaient exercés pendant dix mois aux combats qu'ils allaient livrer.
Ils promirent aussi de ne point user de supercherie et de se conduire avec honneur ; leurs parents et leurs instituteurs firent le même
serment.

Après cette cérémonie, nous revînmes au Stade. Les athlètes entrèrent dans la barrière qui le précède, s'y dépouillèrent entièrement de
leurs habits, mirent à leurs pieds des brodequins, se firent frotter
d'huile par tout le corps. Des ministres subalternes se montraient de
tous côtés, soit dans la carrière, soit à travers les rangs multipliés des
spectateurs pour y maintenir l'ordre.

Quand les présidents eurent pris leurs places, un héraut s'écria :
« Que les coureurs du Stade se présentent. » Il en parut aussitôt un
grand nombre qui se placèrent sur une ligne suivant le rang que le
le sort leur avait assigné. Le héraut récita leurs noms et ceux de leur
patrie. Si ces noms avaient été illustrés par des victoires précédentes,
ils étaient accueillis par des applaudissements redoublés. Après que
le héraut eut ajouté : « Quelqu'un peut-il reprocher à ces athlètes
d'avoir été dans les fers, ou d'avoir mené une vie irrégulière ? » Il se
fit un silence profond, et je me sentis entraîné par cet intérêt qui re-
muait tous les cœurs, et qu'on n'éprouve pas dans les spectacles des
autres nations. Au lieu de voir au commencement de la lice des hommes du peuple prêts à se disputer quelques feuilles d'olivier, je n'y vis
plus que des hommes libres, qui, par le consentement unanime de
toute la Grèce, chargés de la gloire ou de la honte de leur patrie, s'exposaient à l'alternative du mépris ou de l'honneur, en présence de
plusieurs milliers de témoins, qui rapporteraient chez eux les noms

des vainqueurs et des vaincus. L'espérance et la crainte se peignaient dans les regards inquiets des spectateurs ; elles devenaient plus vives à mesure qu'on approchait de l'instant qui devait les dissiper. Cet instant arriva. La trompette donna le signal, les coureurs partirent, et dans un clin d'œil parvinrent à la borne où se tenaient les présidents des jeux. Le héraut proclama le nom de Porus de Cyrène, et mille bouches le répétèrent.

Les jours suivants, d'autres champions furent appelés pour parcourir le double stade, c'est-à-dire qu'après avoir atteint le but et doublé la borne, ils devaient retourner au point du départ. Ces derniers furent remplacés par des athlètes qui fournirent douze fois la longueur du stade. Quelques-uns concoururent dans plusieurs de ces exercices, et remportèrent plus d'un prix. Parmi les incidents qui reveillèrent à diverses reprises l'attention de l'assemblée, nous vîmes des coureurs s'éclipser et se dérober aux insultes des spectateurs ; d'autres, sur le point de parvenir au terme de leurs désirs, tomber tout à coup sur un terrain glissant. On nous en fit remarquer dont les pas s'imprimaient à peine sur la poussière. Deux Crotoniates tinrent longtemps les esprits en suspens : ils devancèrent leurs adversaires de bien loin ; l'un d'eux ayant fait tomber l'autre en le poussant, un cri général s'éleva contre lui ; et il fut privé de l'honneur de la victoire : car il est expressément défendu d'user de pareilles voies pour se la procurer ; on permet seulement aux assistants d'animer par leurs cris les coureurs auxquels ils s'intéressent.

Le lendemain nous allâmes de bonne heure à l'Hippodrome, où devaient se faire les courses de chevaux et de chars. Les gens riches peuvent seuls livrer ces combats, qui exigent en effet la plus grande dépense. On voit dans toute la Grèce des particuliers se faire une occupation et un mérite de multiplier l'espèce des chevaux propres à la course, de les dresser, et de les présenter au concours dans les jeux publics. Comme ceux qui aspirent aux prix ne sont pas obligés de les disputer eux-mêmes, souvent les souverains et les républiques se mettent au nombre des concurrents, et confient leur gloire à des écuyers habiles. On trouve sur la liste des vainqueurs Théron, roi d'Agrigente ; Gélon et Hiéron, rois de Syracuse ; Archélaüs, roi de Macédoine ; Pausanias, roi de Lacédémone ; Clisthène, roi de Sicyone, et quantité d'autres, ainsi que plusieurs villes de la Grèce. Il est aisé de juger que de pareils rivaux doivent exciter la plus vive émulation.

ils étalent une magnificence que les particuliers cherchent à égaler, et qu'ils surpassent quelquefois. On se rappelle encore que dans les jeux où Alcibiade fut couronné, sept chars se présentèrent dans la carrière au nom de ce célèbre Athénien, et que trois de ces chars obtinrent le premier, le second et le quatrième prix.

Pendant que nous attendions le signal on nous dit de regarder attentivement un dauphin de bronze placé au commencement de la lice, et un aigle de même métal posé sur un autel au milieu de la barrière. Bientôt nous vîmes le dauphin s'abaisser et se cacher dans la terre, l'aigle s'élever les ailes déployées, et se montrer aux spectateurs; un grand nombre de cavaliers s'élancer dans l'Hippodrome, passer devant nous avec la rapidité d'un éclair, tourner autour de la borne qui est à l'extrémité ; les uns ralentir leur course, les autres la précipiter ; jusqu'à ce que l'un d'entre eux, redoublant ses efforts, eut laissé derrière lui ses concurrents affligés.

Après que des athlètes à peine sortis de l'enfance eurent fourni la même carrière, elle fut remplie par quantité de chars qui se succédèrent les uns aux autres. Is étaient attelés de deux chevaux dans une course, de deux poulains dans une autre, enfin de quatre chevaux dans la dernière, qui est la plus brillante et la plus glorieuse de toutes.

Pour en voir les préparatifs, nous entrâmes dans la barrière ; nous y trouvâmes plusieurs chars magnifiques retenus par des câbles qui s'étendaient le long de chaque file, et qui devaient tomber l'un après l'autre. Ceux qui les conduisaient n'étaient vêtus que d'une étoffe légère. Leurs coursiers, dont ils pouvaient à peine modérer l'ardeur, attiraient tous les regards par leur beauté, quelques-uns par les victoires qu'ils avaient remportées. Dès que le signal fut donné, ils s'avancèrent jusqu'à la seconde ligne ; et, s'étant ainsi réunis avec les autres lignes, ils se présentèrent de front au commencement de la la carrière. Dans l'instant on les vit, couverts de poussière, se croiser, se heurter, entraîner les chars avec une rapidité que l'œil avait peine à suivre. Leur impétuosité redoublait lorsqu'ils se trouvaient en présence de la statue d'un génie qui, dit-on, les pénètre d'une terreur secrète ; elle redoublait lorsqu'ils entendaient le son bruyant des trompettes placées auprès d'une borne fameuse par les naufrages qu'elle occasionne. Posée dans la largeur de la carrière, elle ne laisse pour le passage des chars qu'un défilé assez étroit, où l'habileté des guides vient très-souvent échouer. Le péril est d'autant plus redoutable, qu'il faut doubler la borne jusqu'à douze fois ; car on est obligé de parcourir douze fois la longueur de l'Hippodrome, soit en allant, soit en revenant.

A chaque évolution il survenait quelque accident qui excitait des sentiments de pitié ou de rires insultants de la part de l'assemblée. Des chars avaient été emportés hors de la lice ; d'autres s'étaient brisés en se choquant avec violence : la carrière était parsemée de débris qui rendaient la course plus périlleuse encore. Il ne restait plus que cinq concurrents, un Thessalien, un Libyen, un Syracusain, un Corinthien et un Thébain. Les trois premiers étaient sur le point de doubler la borne pour la dernière fois. Le Thessalien se brise contre cet écueil ; il tombe embarrassé dans les rênes ; et tandis que ses chevaux se renversant sur ceux du Libyen, qui le serrait de près, que ceux du Syracusain se précipitent dans une ravine qui borde en cet endroit la carrière, que tout retentit de cris perçants et multipliés, le Corinthien et le Thébain arrivent, saisissent le moment favorable, dépassent la borne, pressent de l'aiguillon leurs coursiers fougueux, et se présentent aux juges, qui décernent le premier prix au Corinthien, et le second au Thébain.

Pendant que durèrent les fêtes, et dans certains intervalles de la journée, nous quittions le spectacle, et nous parcourions les environs d'Olympie. Tantôt nous nous amusions à voir arriver des théories ou députations, chargées d'offrir à Jupiter les hommages de presque tous les peuples de la Grèce, tantôt nous étions frappés de l'intelligence et de l'activité des commerçants étrangers qui venaient dans ces lieux étaler leurs marchandises. D'autres fois nous étions témoins des marques de distinction que certaines villes s'accordaient les unes aux autres. C'étaient des décrets par lesquels elles se décernaient mutuellement des statues et des couronnes, et qu'elles faisaient lire dans les jeux olympiens, afin de rendre la reconnaissance aussi publique que le bienfait.

Nous revenions souvent dans l'enceinte sacrée. Ici des athlètes qui n'étaient pas encore entrés en lice cherchaient dans les entrailles des victimes la destinée qui les attendait. Là, des trompettes posés sur un grand autel se disputaient le prix, unique objet de leur ambition. Plus loin, une foule d'étrangers, rangés autour d'un portique, écoutait un écho qui répétait jusqu'à sept fois les paroles qu'on lui adressait. Partout s'offraient à nous des exemples frappants de faste et de vanité ; car ces jeux attirent tous ceux qui ont acquis de la célébrité, ou qui veulent en acquérir par leurs talents, leur savoir ou leurs richesses. Ils viennent s'exposer aux regards de la multitude, toujours empressée auprès de ceux qui ont ou qui affectent de la supériorité.

Après la bataille de Salamine, Thémistocle parut au milieu du Stade, qui retentit aussitôt d'applaudissements en son honneur. Loin de s'occuper des jeux, les regards furent arrêtés sur lui pendant toute la journée : on montrait aux étrangers, avec des cris de joie et d'admiration, cet homme qui avait sauvé la Grèce, et Thémistocle fut forcé d'avouer que ce jour avait été le plus beau de sa vie.

Nous fûmes témoins d'une scène plus touchante encore. Un vieillard cherchait à se placer : après avoir parcouru plusieurs gradins, toujours repoussé par des plaisanteries offensantes, il parvint à celui des Lacédémoniens. Tous les jeunes gens et la plupart des hommes se levèrent avec respect, et lui offrirent leurs places. Des battements de mains sans nombre éclatèrent à l'instant ; et le vieillard attendri ne put s'empêcher de dire : « Les Grecs connaissent les règles de la bienséance, les Lacédémoniens les pratiquent. »

Environ trente ans auparavant, Denys, tyran de Syracuse, avait voulu s'attirer l'admiration de l'assemblée. On y vit arriver de sa part, et sous la direction de son frère Théarides, une députation solennelle, chargée de présenter des offrandes à Jupiter ; plusieurs chars attelés de quatre chevaux pour disputer le prix de la course ; quantité de tentes somptueuses qu'on dressa dans la campagne, et une foule d'excellents déclamateurs qui devaient réciter publiquement les poésies de ce prince. Leur talent et la beauté de leurs voix fixèrent d'abord l'attention des Grecs, déjà prévenus par la magnificence de tant d'apprêts ; mais bientôt, fatigués de cette lecture insipide, ils lancèrent contre Denys les traits les plus sanglants, et leur mépris alla si loin, que plusieurs d'entre eux renversèrent ses tentes et les pillèrent. Pour comble de disgrâce, les chars sortirent de la lice, ou se brisèrent les uns contre les autres, et le vaisseau qui ramenait ce cortége fut jeté par la tempête sur les côtes d'Italie. Tandis qu'à Syracuse le peuple disait que les vers de Denys avaient porté malheur aux déclamateurs, aux chevaux et au navire, on soutenait à la cour que l'envie s'attache toujours au talent. Quatre ans après, Denys envoya de nouveaux ouvrages et des acteurs plus habiles, mais qui tombèrent encore plus honteusement que les premiers. A cette nouvelle, il se livra aux excès de la frénésie ; et n'ayant pour soulager sa douleur que la ressource des tyrans, il exila, et fit couper des têtes.

Nous suivions avec assiduité les lectures qui se faisaient à Olympe. Les présidents des jeux y assistaient quelquefois, et le peuple s'y portait avec empressement. Un jour qu'il paraissait écouter avec une attention plus marquée, on entendit retentir de tous côtés le nom de Polydamas. Aussitôt la plupart des assistants coururent après Polydamas. C'était un athlète de Thessalie, d'une grandeur et d'une force prodigieuse. On racontait de lui qu'étant sans armes sur le mont Olympe, il avait abattu un lion sous ses coups ; qu'ayant saisi un taureau furieux, l'animal ne put s'échapper qu'en laissant la corne de son pied entre les mains de l'athlète ; que les chevaux les plus vigoureux ne pouvaient faire avancer un char qu'il tenait par derrière d'une seule main. Il avait remporté plusieurs victoires dans les jeux publics ; mais, comme il était venu trop tard à Olympe, il ne put être admis au concours. Nous apprîmes dans la suite la fin tragique de cet homme extraordinaire : il était entré, avec quelques-uns de ses amis, dans une caverne pour se garantir de la chaleur : la voûte de la caverne s'entr'ouvrit : ses amis s'enfuirent ; Polydamas voulut soutenir la montagne, et en fut écrasé.

Plus il est difficile de se distinguer parmi les nations polissées, plus la vanité y devient inquiète et capable des plus grands excès. Dans un autre voyage que je fis à Olympie, j'y vis un médecin de Syracuse, appelé Ménécrate, traînant à sa suite plusieurs de ceux qu'il avait guéris, et qui s'étaient obligés, avant le traitement, de le suivre partout. L'un paraissait avec les attributs d'Hercule, un autre avec ceux d'Apollon, d'autres avec ceux de Mercure ou d'Esculape. Pour lui, revêtu d'une robe de pourpre, ayant une couronne d'or sur la tête et un sceptre à la main, il se donnait en spectacle sous le nom de Jupiter, et courait le monde, escorté de ces nouvelles divinités. Il écrivit un jour au roi de Macédoine la lettre suivante :

« Ménécrate Jupiter à Philippe salut. Tu règnes dans la Macédoine, et moi dans la médecine ; tu donnes la mort à ceux qui se portent bien.

je rends la vie aux malades ; ta garde est formée de Macédoniens, les dieux composent la mienne. » Philippe lui répondit en deux mots qu'il lui souhaitait un retour de raison. Quelque temps après, ayant appris qu'il était en Macédoine, il le fit venir, et le pria à souper. Ménécrate et ses compagnons furent placés sur des lits superbes et exhaussés : devant eux était un autel chargé des prémices des moissons ; et pendant qu'on présentait un excellent repas aux convives, on n'offrit que des parfums et des libations à ces nouveaux dieux, qui, ne pouvant supporter cet affront, sortirent brusquement de la salle, et ne reparurent plus depuis.

Il me reste à parler des exercices qui demandent plus de force que les précédents, tels que la lutte, le pugilat, le pancrace, et le pentathle. Je ne suivrai point l'ordre dans lequel ces combats furent donnés, et je commencerai par la lutte.

On se propose dans cet exercice de jeter son adversaire par terre, et de le forcer à se déclarer vaincu. Les athlètes qui devaient concourir, se tenaient dans un portique voisin ; ils furent appelés à midi. Ils étaient au nombre de sept : on jeta autant de bulletins dans une boîte placée devant le président des jeux. Deux de ces bulletins étaient marqués de la lettre A , deux autres de la lettre B , deux autres d'un C, et le septième d'un D. On les agita dans la boîte ; chaque athlète prit le sien, et l'un des présidents appareilla ceux qui avaient tiré la même lettre.

Ainsi il y eut trois couples de lutteurs, et le septième fut réservé pour combattre contre les vainqueurs des autres. Ils se dépouillèrent de tout vêtement, et, après s'être frottés d'huile, ils se roulèrent dans le sable, afin que leurs adversaires eussent moins de prise en voulant les saisir.

Aussitôt un Thébain et un Argien s'avancent dans le Stade : ils s'approchent, se mesurent des yeux, et s'empoignent par le bras. Tantôt appuyant leur front l'un contre l'autre, ils se poussent avec action égale, paraissent immobiles, et s'épuisent en efforts superflus ; tantôt ils s'ébranlent par des secousses violentes, s'entrelacent comme des serpents, s'alongent, se racourcissent, se plient en avant, en arrière, sur les côtés : une sueur abondante coule de leurs membres affaiblis : ils respirent un moment, se prennent par le milieu du corps, et, après avoir de nouveau employé la ruse et la force, le Thébain enlève son adversaire : mais il plie sous le poids : ils tombent, se roulent dans la poussière, et reprennent tour à tour le dessus. A la fin le Thébain, par l'entrelacement des jambes et de ses bras, suspend tous les mouvements de son adversaire qu'il tient sous lui, le serre à la gorge, et le force à lever la main pour marque de sa défaite. Ce n'est pas assez néanmoins pour obtenir la couronne ; il faut que le vainqueur terrasse au moins deux fois son rival, et communément ils en viennent trois fois aux mains. L'Argien eut l'avantage dans la seconde action, et le Thébain reprit le sien dans la troisième.

Il n'est pas permis dans la lutte de porter des coups à son adversaire, dans le pugilat, il n'est permis que de le frapper. Huit athlètes se présentèrent pour ce dernier exercice, et furent, ainsi que les lutteurs, appareillés par le sort. Ils avaient la tête couverte d'une calotte d'airain, et leurs poings étaient assujétis par des espèces de gantelets formés de lanières de cuir qui se croisaient en tous sens.

Les attaques furent aussi variées que les accidents qui les suivirent. Quelquefois on voyait deux athlètes faire divers mouvements pour n'avoir pas le soleil devant les yeux, passer des heures entières à observer, à épier chacun l'instant où son adversaire laisserait une partie de son corps sans défense, à tenir leurs bras tendus et élevés de manière à mettre leur tête à couvert, à les agiter rapidement pour empêcher l'ennemi d'approcher. Quelquefois ils s'attaquaient avec fureur, et faisaient pleuvoir l'un sur l'autre une grêle de coups. Nous en vîmes qui, en se précipitant les bras levés sur leur ennemi prompt à les éviter, tombaient pesamment sur la terre, et se brisaient tout le corps ; d'autres qui, épuisés et couverts de blessures mortelles, se soulevaient tout à coup et prenaient de nouvelles forces dans leur désespoir ; d'autres enfin qu'on retirait du champ de bataille n'ayant sur le visage aucun trait qu'on pût reconnaître, et ne donnant d'autres signes de vie que le sang qu'ils vomissaient à gros bouillons.

Les exercices cruels auxquels on élève ces enfants, les épuisent de si bonne heure, que, dans les listes des vainqueurs aux jeux olympiques, on en trouve à peine deux ou trois qui aient remporté le prix dans leur enfance et dans un âge plus avancé.

Dans les autres exercices, il est aisé de juger du succès ; dans le pugilat, il faut que l'un des combattants avoue sa défaite. Tant qu'il lui reste un degré de force, il ne désespère pas de la victoire, parce qu'elle peut dépendre de ses efforts et de sa fermeté. On nous raconta qu'un athlète ayant eu les dents brisées par un coup terrible, prit le parti de les avaler ; et que son rival, voyant son attaque sans effet, se crut perdu sans ressource, et se déclara vaincu.

Les athlètes dont j'ai fait mention ne s'étaient exercés que dans ce genre ; ceux dont je vais parler s'exercent dans toutes les espèces de combats. En effet, le pentathale comprend non-seulement la course à pied, la lutte, le pugilat et le pancrace, mais encore le saut, le jet du disque et celui du javelot.

Il faut obtenir le même avantage dans le saut, exercice dont tous les mouvements s'exécutent au son de la flûte. Les athlètes tiennent dans leurs mains des contre-poids qui, dit-on, leur facilitent les moyens de franchir un plus grand espace. Quelques-uns s'élancent au-delà de cinquante pieds.

Les athlètes qui disputent le prix du pentathle doivent, pour l'obtenir, triompher au moins dans les trois premiers combats auxquels ils s'engagent. Quoiqu'ils ne puissent pas se mesurer en particulier avec les athlètes de chaque profession, ils sont néanmoins très-estimés, parce qu'en s'appliquant à donner au corps la force, la souplesse et la légèreté dont il est susceptible, ils remplissent tous les objets qu'on s'est proposé dans l'institution des jeux et de la gymnastique.

Le dernier jour des fêtes fut destiné à couronner les vainqueurs. Cette cérémonie glorieuse pour eux se fit dans le bois sacré, et fut précédée par des sacrifices pompeux. Quand ils furent achevés, les vainqueurs, à la suite des présidents des jeux, se rendirent au théâtre, parés de riches habits, et tenant une palme à la main. Ils marchaient dans l'ivresse de la joie, au son des flûtes, entourés d'un peuple immense, dont les applaudissements faisaient retentir les airs. On voyait ensuite paraître d'autres athlètes montés sur des chevaux et sur des chars. Leurs coursiers superbes se montraient avec toute la fierté de la victoire ; ils étaient ornés de fleurs, et semblaient participer au triomphe.

Parvenus au théâtre, les présidents des jeux firent commencer l'hymne composée autrefois par le poète Archiloque, et destinée à relever

la gloire des vainqueurs et l'éclat de cette cérémonie. Aprèsque les spectateurs eurent joint à chaque reprise leurs voix à celles des musiciens,
le héraut se leva, et annonça que Porus de Cyrène avait remporté le
prix du Stade. Cet athlète se présenta devant le chef des présidents,
qui lui mit sur la tête une couronne d'olivier sauvage, cueillie, comme toutes celles qu'on distribue à Olympie, sur un arbre qui est derrière le temple de Jupiter, et qui est devenu par sa destination l'objet
de la vénération publique. Aussitôt, toutes ces expressions de joie et
d'admiration dont on l'avait honoré dans le moment de sa victoire, se
renouvelèrent avec tant de force et de profusion que Porus me parut
au comble de sa gloire.